高一同學的目標

- 1. 熟背「高中常用7000字」
- 2. 月期考得高分
- 3. 會說流利的英語

1. 「用會話背7000字①」書 + CD 280元

以三個極短句為一組的方式，讓同學背了會話，同時快速增加單字。高一同學要從「國中常用2000字」挑戰「高中常用7000字」，加強單字是第一目標。

2. 「一分鐘背9個單字」書 + CD 280元

利用字首、字尾的排列，讓你快速增加單字。一次背9個比背1個字簡單。

3. rival

rival [5] (ˈraɪvḷ) *n.* 對手
arrival [3] (əˈraɪvḷ) *n.* 到達 ⎫ 都有 rival
festival [2] (ˈfɛstəvḷ) *n.* 節日；慶祝活動

revival [6] (rɪˈvaɪvḷ) *n.* 復甦
survival [3] (səˈvaɪvḷ) *n.* 生還 ⎫ 字尾是 vival
carnival [6] (ˈkɑrnəvḷ) *n.* 嘉年華會

carnation [5] (kɑrˈneʃən) *n.* 康乃馨
donation [6] (doˈneʃən) *n.* 捐贈 ⎫ 字尾是 nation
donate [6] (ˈdonet) *v.* 捐贈

3. 「一口氣考試英語」書 + CD 280元

把大學入學考試題目編成會話，背了以後，會說英語，又會考試。

例如：

What a nice surprise! (真令人驚喜！)【常考】
I can't believe my eyes.
(我無法相信我的眼睛。)
Little did I dream of seeing you here.
(做夢也沒想到會在這裡看到你。)【駒澤大】

4.「一口氣背文法」書＋CD 280元

英文文法範圍無限大，規則無限多，誰背得完？劉毅老師把文法整體的概念，編成216句，背完了會做文法題、會說英語，也會寫作文。既是一本文法書，也是一本會話書。

1. 現在簡單式的用法

I *get up* early every day. 我每天早起。

I *understand* this rule now. 我現在了解這條規定了。

Actions *speak* louder than words. 行動勝於言辭。

【二、三句強調實踐早起】

5.「高中英語聽力測驗①」書＋MP3 280元

6.「高中英語聽力測驗進階」書＋MP3 280元

高一月期考聽力佔20%，我們根據大考中心公布的聽力題型編輯而成。

7.「高一月期考英文試題」書 280元

收集建中、北一女、師大附中、中山、成功、景美女中等各校試題，並聘請各校名師編寫模擬試題。

8.「高一英文克漏字測驗」書 180元

9.「高一英文閱讀測驗」書 180元

全部取材自高一月期考試題，英雄所見略同，重複出現的機率很高。附有翻譯及詳解，不必查字典，對錯答案都有明確交待，做完題目，一看就懂。

高二同學的目標──提早準備考大學

1. 「用會話背7000字①②」
   書+CD，每冊280元

   「用會話背7000字」能夠解決
所有學英文的困難。高二同學
可先從第一冊開始背，第一冊
和第二冊沒有程度上的差異，
背得越多，單字量越多，在腦

海中的短句越多。每一個極短句大多不超過5個字，1個字或
2個字都可以成一個句子，如：「用會話背7000字①」p.184，
每一句都2個字，好背得不得了，而且與生活息息相關，是
每個人都必須知道的知識，例如：成功的祕訣是什麼？

11. What are the keys to success?

Be *ambitious*.	要有<u>雄心</u>。
Be *confident*.	要有<u>信心</u>。
Have *determination*.	要有<u>決心</u>。
Be *patient*.	要有<u>耐心</u>。
Be *persistent*.	要有<u>恆心</u>。
Show *sincerity*.	要有<u>誠心</u>。
Be *charitable*.	要有<u>愛心</u>。
Be *modest*.	要<u>虛心</u>。
Have *devotion*.	要<u>專心</u>。

當你背單字的時候，就要有「雄心」，要「決心」背好，對
自己要有「信心」，一定要有「耐心」和「恆心」，背書時
要「專心」。

背完後，腦中有2,160個句子，那不得了，無限多的排列組
合，可以寫作文。有了單字，翻譯、閱讀測驗、克漏字都難
不倒你了。高二的時候，要下定決心，把7000字背熟、背
爛。雖然高中課本以7000字為範圍，編書者為了便宜行事，
往往超出7000字，同學背了少用的單字，反倒忽略真正重要
的單字。千萬記住，背就要背「高中常用7000字」，背完之
後，天不怕、地不怕，任何考試都難不倒你。

2.「時速破百單字快速記憶」書 250元

字尾是 try，重音在倒數第三音節上

entry[3] (ˋɛntrɪ) *n.* 進入【No entry. 禁止進入。】
country[1] (ˋkʌntrɪ) *n.* 國家；鄉下【ou 讀 /ʌ/，為例外字】
ministry[4] (ˋmɪnɪstrɪ) *n.* 部【mini = small】

chemistry[4] (ˋkɛmɪstrɪ) *n.* 化學
geometry[5] (dʒɪˋɑmətrɪ) *n.* 幾何學【geo 土地，metry 測量】
industry[2] (ˋɪndəstrɪ) *n.* 工業；勤勉【這個字重音常唸錯】

poetry[1] (ˋpo‧ɪtrɪ) *n.* 詩
poultry[4] (ˋpoltrɪ) *n.* 家禽 }字尾 y 表「集合名詞」
pastry[5] (ˋpɛstrɪ) *n.* 糕餅

3.「高二英文克漏字測驗」書 180元

4.「高二英文閱讀測驗」書 180元
全部選自各校高二月期考試題精華，英雄所見略
同，再出現的機率很高。

5.「7000字學測試題詳解」書 250元
一般模考題為了便宜行事，往往超出7000字範圍
，無論做多少份試題，仍然有大量生字，無法進
步。唯有鎖定7000字為範圍的試題，才會對準備
考試有幫助。每份試題都經「劉毅英文」同學實
際考過，效果奇佳。附有詳細解答，單字標明級
數，對錯答案都有明確交待，不需要再查字典，
做完題目，再看詳解，快樂無比。

6.「高中常用7000字解析【豪華版】」書 390元
按照「大考中心高中英文參考詞彙表」編輯而成
。難背的單字有「記憶技巧」、「同義字」及
「反義字」，關鍵的單字有「典型考題」。大學
入學考試核心單字，以紅色標記。

7.「高中7000字測驗題庫」書 180元
取材自大規模考試，解答詳盡，節省查字典的時間。

編者的話

　　「學科能力測驗」是「指定科目考試」的前哨站，雖然難度較「指考」低，但是考試內容以及成績，仍然非常具有參考價值，而且「學測」考得好的同學，還可以甄選入學的方式，比別人早一步進入理想的大學，提前放暑假。

　　「**108 年學科能力測驗各科試題詳解**」包含 108 年度「學測」各科試題：英文、數學、社會、自然和國文，書後並附有大考中心所公佈的各科選擇題答案。另外，在英文科詳解後面，還附上英文試題修正意見及英文考科選文出處，讀者可利用空檔時間，上網瀏覽那些網站，增進自己的課外知識，並了解出題方向。

　　這本書的完成，要感謝各科名師全力協助解題：

　　英文 / 謝靜芳老師・蔡琇瑩老師・林工富老師
　　　　　藍郁婷老師・趙怡婷老師・吳岳峰老師
　　　　　戴育賢老師
　　　　　美籍老師 Laura E. Stewart・Edward McGuire
　　　　　　　　　 Shannon McGuire

　　數學 / 劉　星老師

　　社會 / 吳　敵老師・吳　曄老師・蔡承峰老師

　　國文 / 陳　顥老師

　　自然 / 余　天老師・邱　天老師・泰　瑞老師

　　本書編校製作過程嚴謹，但仍恐有缺失之處，尚祈各界先進不吝指正。

　　　　　　　　　　　　　　　　　　　　　劉　毅

CONTENTS

108 年大學入學學科能力測驗試題
英文考科

第壹部分：單選題（占 72 分）

一、詞彙題（占 15 分）

說明： 第 1 題至第 15 題，每題有 4 個選項，其中只有一個是正確或最適當的選項，請畫記在答案卡之「選擇題答案區」。各題答對者，得 1 分；答錯、未作答或畫記多於一個選項者，該題以零分計算。

1. Bobby cared a lot about his _____ at home and asked his parents not to go through his things without his permission.
   (A) discipline　　(B) facility　　(C) privacy　　(D) representation

2. The new manager is a real gentleman. He is kind and humble, totally different from the former manager, who was _____ and bossy.
   (A) eager　　(B) liberal　　(C) mean　　(D) inferior

3. The weather bureau _____ that the typhoon would bring strong winds and heavy rains, and warned everyone of the possible danger.
   (A) conveyed　　(B) associated　　(C) interpreted　　(D) predicted

4. Different airlines have different _____ for carry-on luggage, but many international airlines limit a carry-on piece to 7 kilograms.
   (A) landmarks　(B) restrictions　(C) percentages　(D) circumstances

5. Many people were happy that the government had finally _____ Children's Day as a national holiday.
   (A) appointed　　(B) declared　　(C) performed　　(D) involved

6. To reach the goal of making her company a market leader, Michelle _____ a plan to open ten new stores around the country this year.
   (A) advised　　(B) occupied　　(C) proposed　　(D) recognized

7. Silence in some way is as _____ as speech. It can be used to show, for example, disagreement or lack of interest.
   (A) sociable　　(B) expressive　　(C) reasonable　　(D) objective

8. This TV program is designed for children, _____ for those under five. It contains no violence or strong language.
   (A) particularly　(B) sensibly　　(C) moderately　　(D) considerably

9. Tommy, please put away the toys in the box, or you might _____ on them and hurt yourself.
   (A) stumble　　(B) graze　　(C) navigate　　(D) dwell

10. The _____ costume party, held every September, is one of the biggest events of the school year.
    (A) initial　　(B) annual　　(C) evident　　(D) occasional

11. In a job interview, attitude and personality are usually important _____ that influence the decision of the interviewers.
    (A) factors　　(B) outcomes　　(C) missions　　(D) identities

12. The snow-capped mountain is described so _____ in the book that the scene seems to come alive in front of the reader's eyes.
    (A) distantly　　(B) meaningfully　(C) cheerfully　　(D) vividly

13. Surrounded by flowers blooming and birds _____ merrily, the Wangs had a good time hiking in the national park.
    (A) napping　　(B) scooping　　(C) flipping　　(D) chirping

14. It is essential for us to maintain constant _____ with our friends to ensure that we have someone to talk to in times of need.
    (A) benefit　　(B) contact　　(C) gesture　　(D) favor

15. The young generation in this country has shown less interest in factory work and other _____ labor jobs, such as house construction and fruit picking.
    (A) causal　　(B) durable　　(C) manual　　(D) violent

二、綜合測驗（占 15 分）

說明：第 16 題至第 30 題，每題一個空格，請依文意選出最適當的一個選項，
請畫記在答案卡之「選擇題答案區」。各題答對者，得 1 分；答錯、
未作答或畫記多於一個選項者，該題以零分計算。

第 16 至 20 題為題組

April Fools' Day, one of the most light-hearted days of the year, has an unclear origin. Some see it as a celebration related to the turn of the seasons from winter to spring; others, however, believe that it ___16___ the adoption of a new calendar.

Ancient cultures celebrated New Year's Day on or around April 1, which roughly coincides with the beginning of spring. In 1582, Pope Gregory XIII ordered a new calendar, which called for New Year's Day to be celebrated on January 1. However, many people, either refusing to accept the new date or not having heard about it, ___17___ to celebrate New Year's Day on April 1. Other people began to make fun of these traditionalists, sending them on "fool's errands" or trying to fool them into believing something false. ___18___, the practice spread throughout Europe and the rest of the world.

Nowadays, on April Fools' Day, people often ___19___ to create elaborate hoaxes to fool others. Newspapers, radio and TV stations, and websites have participated in the April 1 tradition of making ___20___ reports in order to fool their audiences. The BBC once reported that Swiss farmers were experiencing a spaghetti crop and showed scenes of people harvesting noodles from trees. Guess what? Numerous viewers were fooled.

16. (A) leads to   (B) brings out   (C) stems from   (D) comes across
17. (A) continue   (B) continuing   (C) to continue   (D) continued
18. (A) Precisely   (B) Eventually   (C) Additionally   (D) Literally
19. (A) come to an end   (B) go to great lengths
    (C) put in service   (D) hold in store
20. (A) fictional   (B) essential   (C) ancient   (D) subjective

第 21 至 25 題為題組

The pineapple, a delicious tropical fruit, has been valued for centuries not only for its distinct and unique taste, but also for its miraculous health and medical benefits. But pineapples can also be a fashionable fruit: Pineapple leaves can ___21___ a substitute for leather.

The idea was developed when a Spanish designer travelling to the Philippines observed a traditional Filipino shirt ___22___ together with the fibers of pineapple leaves. After five years of research, she created from pineapple leaves a material which, like real leather, can be used for making bags, shoes, and ___23___ textile products. It is an eco-friendly and biodegradable fiber.

This eco-friendly leather has clear ___24___ for the environment, compared to real leather and synthetic leathers. It requires fewer chemicals, making it safer for the workers in factories. Its manufacture also leaves a smaller carbon footprint. In addition, the leftover material following the removal of fibers can even be used as a natural fertilizer back in the pineapple fields.

___25___ its low cost, this innovative material is already being used by many leading fashion companies to make their products.

21. (A) bring along　　(B) turn out　　(C) account for　　(D) serve as
22. (A) wove　　(B) weaving　　(C) woven　　(D) to weave
23. (A) else　　(B) those　　(C) other　　(D) such
24. (A) advantages　　(B) considerations
　　(C) opportunities　　(D) responsibilities
25. (A) Due to　　(B) Nothing but
　　(C) In contrast to　　(D) On behalf of

第 26 至 30 題為題組

Researchers from a university in Japan have developed "diet-glasses" that play tricks with one's perception of food, which could be helpful to people on a diet. A camera and a viewing system are built ___26___ these glasses. As the wearer brings the food toward their mouth, the camera captures an image of the food. It replays the image back through the glasses after processing it on an attached computer. The size of the food they are about to eat is magnified while ___27___ of their hand remains normal. Their brain is ___28___ tricked into thinking they are eating more than they really are. The study showed that participants who wore the glasses ate 9.3% less than those who did not wear them.

The team has also developed a special device which uses scent bottles and visual trickery to make the wearers of these glasses think that the plain snack they are eating is ___29___ than it actually is. The device, for instance, can be set to ___30___ one's favorite flavor. Recent experiments with this device showed that 80% of the participants were fooled by the smell. For example, some participants thought that they were eating a chocolate snack, but in fact they were not.

26. (A) beyond   (B) into   (C) from   (D) with
27. (A) this   (B) that   (C) some   (D) other
28. (A) beforehand   (B) likewise   (C) instead   (D) therefore
29. (A) prettier   (B) larger   (C) healthier   (D) tastier
30. (A) impress   (B) release   (C) bother   (D) attract

三、文意選填（占 10 分）

說明：第 31 題至第 40 題，每題一個空格，請依文意在文章後所提供的 (A) 到 (J) 選項中分別選出最適當者，並將其英文字母代號畫記在答案卡之「選擇題答案區」。各題答對者，得 1 分；答錯、未作答或畫記多於一個選項者，該題以零分計算。

第 31 至 40 題為題組

My father started to suffer from memory loss right after his marriage. Or so my mother told us. She said they were married on May 26, while my dad's memory told him it was June 25. This often ___31___ their anniversary celebration, for his rose bouquet always came one month late. Mom seldom asked Dad to go shopping in the traditional market for her.

But whenever Dad ___32___ on going, she made sure that he brought a shopping list. Dad certainly had the list ___33___ when he left for the market, but he would somehow forget it, and then would find it again only after he returned home. Of course, the ___34___ that he made were based mainly on his memory of the list. Unfortunately, the items were usually different from Mom's ___35___.

My father's poor memory gave him certain advantages, though. For instance, he was ___36___ with many secrets in my family and our community. Because of his poor memory, he had the ___37___ of hearing everyone's private matters. The reason was ___38___ : Dad would not remember any of it, we thought. As for our neighbors, they liked to invite my father to dinner so that they could tell him stories about their children, parents, friends, and pets. They also believed the secrets in their families would never be ___39___. They were quite right, for my father cared ___40___ about who did what to whom. But there is one thing he would never forget: showing up for dinner on time.

(A) little	(B) purchases	(C) trusted	(D) requests
(E) insisted	(F) ready	(G) ruined	(H) privilege
(I) revealed	(J) obvious		

四、閱讀測驗（占 32 分）

說明： 第 41 題至第 56 題，每題請分別根據各篇文章之文意選出最適當的一個選項，請畫記在答案卡之「選擇題答案區」。各題答對者，得 2 分；答錯、未作答或畫記多於一個選項者，該題以零分計算。

第 41 至 44 題爲題組

Angelfish, often found in the warm seas and coral reefs, are among the most brightly colored fish of the ocean. Brilliant colors and stripes form amazing patterns on their body. These patterns actually help the fish to hide from danger among roots and plants. At night, when these fish become inactive, their colors may become pale. Often, the young ones are differently colored than the adults. Some scientists believe that the color difference between the young and the old indicates their different social positions.

Another interesting fact about angelfish is that they have an occupation in the fish world. Most of them act as cleaners for other fish and pick dead tissue from their bodies. This is not their food, though. Their diet consists mainly of sponge and algae.

One particular kind of angelfish, the blackspot angelfish, has a special capability that allows it to change gender from female to male. However, the change is not made at random; it happens for a specific reason. Angelfish live in groups, and each group has one male fish, which is blue in color, and four female fish, which are yellow. The male angelfish is the strongest and largest member of the group. He is the one who protects and looks after the females. When the male dies, the group needs a new "security guard." This is when the largest female in the group begins to change in appearance. She begins to grow larger in size, and after a week, she starts changing color, from yellow to blue. Slowly, her behavior toward the other fish also changes. She begins behaving like a male. Two weeks later, black stripes appear on her body, indicating the gender change is complete. She is now completely male!

41. What is the job of an angelfish in the sea?
    (A) Being a cleaner for other fish.
    (B) Being a bodyguard for other fish.
    (C) Being a gardener for roots and plants.
    (D) Being a caretaker for sponge and algae.

42. Which of the following statements is true about the color of angelfish?
    (A) Female angelfish are blue in color.
    (B) The colors of the fish become less bright at night.
    (C) Male angelfish do not have black stripes on them.
    (D) The adult fish and the young ones have the same colors.

43. According to the passage, what triggers the gender change in the blackspot angelfish?
   (A) Dangers to the group.
   (B) Changes in the fish's diet.
   (C) The birth of young angelfish.
   (D) The death of the male fish in a group.

44. Which of the following describes the order of changes in the features of a blackspot angelfish during gender change?
   (A) Size → behavior → color → stripes.
   (B) Color → size → behavior → stripes.
   (C) Size → color → behavior → stripes.
   (D) Color → behavior → size → stripes.

第 45 至 48 題爲題組

　　Totem poles in North America are poles or posts carved with symbols or figures by Aboriginal peoples of the Northwest Coast. Carved from large, straight trees and painted vibrant colors, the totem poles are not just unique works of art. The coastal peoples have long passed on knowledge from generation to generation through oral traditions, and totem poles were the traditional way of telling the story of an individual family or clan.

　　The totem pole can be grouped into specific categories, depending on its location and the occasion for which it was carved. Welcome poles were traditionally placed on village beachfronts to greet visitors arriving by canoe. Inside the homes of high-ranking chiefs is where house poles were found.
The family's history was carefully carved into each pole. Placed along the rear or front walls of a house, house poles also helped to support the main beam of the roof.

Memorial poles stood in front of a house. They were erected in memory of a deceased chief or a high-ranking clan member. The poles depicted the person's accomplishments or family history. Mortuary poles were also raised to honor the dead, but they differed from memorial poles, having a burial box placed at the top of the pole. Inside the burial box were the remains of the deceased.

While many of these poles can still be found in various locations on the west coast of North America, there is one pole that can now only be found in a museum—the shame pole. Traditionally, shame poles were carved for a chief to embarrass and ridicule another who had done something wrong. Once the wrong was made right, the pole was taken down.

Totem poles are important expressions of specific Aboriginal cultures. Despite the threats posed by cultural and political **encroachment** of colonial forces, the art of totem pole carving has survived. Aboriginal carvers continue to carve totems as symbols of their cultural pride and clan kinship.

45. Which of the following is the best title for this passage?
    (A) Totem Poles, the Legends of Aboriginal Peoples
    (B) Totem Poles: Their Functions
    (C) Totem Poles, Symbols of Historical Resistance
    (D) Totem Poles: Their Designs

46. How is the information about totem poles organized in Paragraphs 2 to 4?
    (A) In order of importance.
    (B) In order of time.
    (C) By cause and effect.
    (D) By classification.

47. Which of the following is located at the edge of a body of water?
    (A) The house pole.   (B) The shame pole.
    (C) The memorial pole.   (D) The welcome pole.

48. Which is closest in meaning to the word "**encroachment**" in the last
    paragraph?
    (A) Invasion.   (B) Appointment.
    (C) Objection.   (D) Enrichment.

第 49 至 52 題為題組

    Music has a tendency to get stuck in our heads. Sometimes a tune intrudes on our thoughts and then plays, and replays, in a never-ending loop. This interesting phenomenon becomes a **subject** explored by many scientists. They use a range of terms to describe it—stuck-song syndrome, sticky music, cognitive itch, or most commonly "earworm." Earworms can run around our heads for several minutes to numerous hours. As the melody repeats, it becomes embedded into our mind. Even though our ears do not hear the tune, our brain continues to play it.

    Earworms often take the form of song fragments rather than entire songs, and the song is usually a familiar one. Researchers are not sure why some songs are more likely to get stuck in our heads than others, but everyone has their own tunes. Often those songs have a simple, upbeat melody and catchy, repetitive lyrics, such as popular commercial jingles and slightly annoying radio hits. Recent or repeated exposure to a song or even a small part of a song can also trigger earworms, as can word associations, such as a phrase similar to the lyrics of a song.

    While earworms might be annoying, most people who experience them nevertheless report that they are pleasant or at least neutral. Only a third of people are disturbed by the song in their heads. How people cope with their earworms seems to depend on how they feel about them. Those who have positive feelings about their stuck songs prefer to just "let them be," while those with negative feelings turn to more behavioral responses, which include coping strategies such as singing, talking, or even praying.

49. According to the passage, which of the following is true about an earworm?
    (A) It is a creature living inside our ears.
    (B) It is a tune memorized in a personal way.
    (C) It is a melody repeating in our heads.
    (D) It is a commercial recalled through lyrics.

50. Which of the following best defines "**subject**" in the first paragraph?
    (A) A kind of mental disease.
    (B) A course being taken.
    (C) A participant in an experiment.
    (D) A matter being studied.

51. Which of the following is **NOT** mentioned as a feature that would trigger earworms?
    (A) Tunes repeatedly encountered.
    (B) Melodies with smooth rhythms.
    (C) Fragments of songs recently heard.
    (D) Words similar to the lyrics of a song.

52. What is the third paragraph mainly about?
    (A) Why people find earworms annoying.
    (B) How people react to earworms.
    (C) What people use to kill earworms.
    (D) When people start to notice earworms.

第 53 至 56 題為題組

　　Got a bug bite problem? Many people who are troubled by skin rashes caused by bug bites use "foggers," or "bug bombs," to get rid of the annoying crawlers in their homes. Many people think these bug killers or pesticides will penetrate every place where the insects hide.

Actually, quite the opposite is true. Once the pests detect the chemical fog in the room, they'll hide themselves in walls or other hideaways, where you'll never be able to treat them effectively.

Ohio State University researchers tested three commercially sold foggers in a study on the effect of foggers on bedbugs. After testing these brands on five different groups of live bedbugs for two hours, the scientists saw that the foggers had little—if any—effect on the insects. The researchers said bedbugs hide in cracks and crevices such as under sheets and mattresses, or deep in carpets where foggers won't reach. Moreover, bugs that do come in contact with the mist may be resistant to the pesticide.

Foggers, or bug bombs, should really be a measure of last resort. First of all, the gases used in bug bombs are highly flammable and thus pose a serious risk of fire or explosion if the product is not used properly. Second, once a bug bomb is used, every surface in your home will be covered with the toxic pesticide. When you use a bug bomb, a chemical mixture rains down on your counters, furniture, floors, and walls, leaving behind oily and toxic substances. Your health might thus be endangered. Therefore, it is suggested that people leave the problem to the professionals.

53. What is this passage mainly about?
    (A) Steps to get rid of bedbugs.
    (B) Ways to use foggers correctly.
    (C) The ineffectiveness of bug bombs.
    (D) The problems caused by insects.

54. How do bedbugs react to foggers?
    (A) They remain motionless.
    (B) They retreat to safe places.
    (C) They stop biting people.
    (D) They escape into another house.

55. According to the passage, which of the following statements about foggers is true?
(A) They can cause a fire.　(B) They do not stay on furniture.
(C) They can kill most insects.
(D) They do not contain chemicals.

56. What does the author advise people to do with bedbug problems?
(A) Choose the right fogger.　(B) Clean the house regularly.
(C) Close the doors when using pesticides.
(D) Consult a pest-control expert.

第貳部份：非選擇題（占 28 分）

說明： 本部分共有二大題，請依各題指示作答，答案必須寫在「答案卷」上，並標明大題號（一、二），若因字跡潦草、未標示題號、標錯題號等原因，致評閱人員無法清楚辨識，其後果由考生自行承擔。作答使用筆尖較粗之黑色墨水的筆書寫，且不得使用鉛筆。

一、中譯英（占 8 分）

說明： 1. 請將以下中文句子譯成正確、通順、達意的英文，並將答案寫在「答案卷」上。
　　　　 2. 請依序作答，並標明子題號。每題 4 分，共 8 分。

1. 自 2007 年營運以來，高鐵（the High Speed Rail）已成為臺灣最便利、最快速的交通工具之一。

2. 對於強調職場效率的人而言，高鐵當然是商務旅行的首選。

二、英文作文（占 20 分）

說明： 1. 依提示在「答案卷」上寫一篇英文作文。
　　　　 2. 文長至少 120 個單詞（words）。

提示： 身為臺灣的一份子，臺灣最讓你感到驕傲的是什麼？請以此為題，寫一篇英文作文，談臺灣最讓你引以為榮的二個面向或事物（例如：人、事、物、文化、制度等）。第一段描述這二個面向或事物，並說明它們為何讓你引以為榮；第二段則說明你認為可以用什麼方式來介紹或行銷這些臺灣特色，讓世人更了解臺灣。

108年度學科能力測驗英文科試題詳解

第壹部分：單選題

一、詞彙題：

1. (**C**) Bobby cared a lot about his <u>privacy</u> at home and asked his parents not to go through his things without his permission.

巴比很在意他在家裡的<u>隱私</u>，並要求他的父母，沒有經過他的允許，不要看他的東西。

(A) discipline（'dɪsəplɪn）*n.* 紀律
(B) facility（fə'sɪlətɪ）*n.* 設施
(C) ***privacy***（'praɪvəsɪ）*n.* 隱私
(D) representation（ˌrɛprɪzɛn'teʃən）*n.* 代表　　***care about*** 在意
go through 檢查　　permission（pɚ'mɪʃən）*n.* 許可；准許

2. (**C**) The new manager is a real gentleman. He is kind and humble, totally different from the former manager, who was <u>mean</u> and bossy.

這位新來的經理是個真正的紳士。他很親切又謙虛，和之前那個<u>刻薄</u>又愛指使人的經理完全不一樣。

(A) eager（'igɚ）*adj.* 渴望的
(B) liberal（'lɪbərəl）*adj.* 開明的
(C) ***mean***（min）*adj.* 卑鄙的；苛刻的
(D) inferior（ɪn'fɪrɪɚ）*adj.* 較差的；次等的
humble（'hʌmbl̩）*adj.* 謙虛的　　former（'fɔrmɚ）*adj.* 前任的
bossy（'bɔsɪ）*adj.* 專橫的；愛指揮他人的；對人頤指氣使的

3. (**D**) The weather bureau <u>predicted</u> that the typhoon would bring strong winds and heavy rains, and warned everyone of the possible danger.

氣象局<u>預測</u>這個颱風將會帶來強風豪雨，並且警告所有人可能發生的危險。

(A) convey（kən've）*v.* 傳達
(B) associate（ə'soʃɪ,et）*v.* 聯想
(C) interpret（ɪn'tɝprɪt）*v.* 解釋
(D) ***predict***（prɪ'dɪkt）*v.* 預測
bureau（'bjuro）*n.* 局　　heavy（'hɛvɪ）*adj.* 大量的

4. (**B**) Different airlines have different <u>restrictions</u> for carry-on luggage, but many international airlines limit a carry-on piece to 7 kilograms.
不同的航空公司對於隨身行李有不同的<u>限制</u>，但是許多國際航空公司限制一件隨身行李不能超過七公斤。

(A) landmark〔'lænd,mɑrk〕*n.* 地標
(B) ***restriction***〔rɪ'strɪkʃən〕*n.* 限制
(C) percentage〔pɚ'sɛntɪdʒ〕*n.* 百分比
(D) circumstance〔'sɝkəm,stæns〕*n.* 情況
airline〔'ɛr,laɪn〕*n.* 航空公司　　carry-on *adj.* 隨身的
luggage〔'lʌgɪdʒ〕*n.* 行李

5. (**B**) Many people were happy that the government had finally <u>declared</u> Children's Day as a national holiday.
許多人很開心，政府終於<u>宣佈</u>兒童節是國定假日。

(A) appoint〔ə'pɔɪnt〕*v.* 指派；任命
(B) ***declare***〔dɪ'klɛr〕*v.* 宣佈
(C) perform〔pɚ'fɔrm〕*v.* 表演　　(D) involve〔ɪn'vɑlv〕*v.* 牽涉
Children's Day 兒童節　　***national holiday*** 國定假日

6. (**C**) To reach the goal of making her company a market leader, Michelle <u>proposed</u> a plan to open ten new stores around the country this year.
爲了達到讓她的公司成爲業界龍頭的目標，蜜雪兒<u>提出</u>今年要在全國開設十家新店的計劃。

(A) advise〔əd'vaɪz〕*v.* 勸告　　(B) occupy〔'ɑkjə,paɪ〕*v.* 佔據
(C) ***propose***〔prə'poz〕*v.* 提議　　(D) recognize〔'rɛkəg,naɪz〕*v.* 認得
market leader 市場領袖

7. (**B**) Silence in some way is as <u>expressive</u> as speech. It can be used to show, for example, disagreement or lack of interest.
沉默在某些方面和說話一樣<u>能表達想法</u>。例如，它可以被用來表示不同意或是不感興趣。

(A) sociable〔'soʃəbḷ〕*adj.* 愛交際的
(B) ***expressive***〔ɪk'sprɛsɪv〕*adj.* 表達的；表示的；意味深長的
(C) reasonable〔'riznəbḷ〕*adj.* 合理的
(D) objective〔əb'dʒɛktɪv〕*adj.* 客觀的

silence〔'saɪləns〕*n.* 沈默   way〔we〕*n.* 方面

speech〔spitʃ〕*n.* 說話；言詞

disagreement〔,dɪsə'grimənt〕*n.* 不同意   lack〔læk〕*n.* 缺乏

8. (**A**) This TV program is designed for children, <u>particularly</u> for those under five. It contains no violence or strong language.

這個電視節目是為了兒童設計的，<u>尤其是</u>五歲以下的兒童。它不包含任何暴力或粗話。

(A) ***particularly***〔pə'tɪkjələ·lɪ〕*adv.* 尤其；特別是

(B) sensibly〔'sɛnsəblɪ〕*adv.* 理智地

(C) moderately〔'madərɪtlɪ〕*adv.* 適度地

(D) considerably〔kən'sɪdərəblɪ〕*adv.* 相當大地

design〔dɪ'zaɪn〕*v.* 設計   contain〔kən'ten〕*v.* 包含

violence〔'vaɪələns〕*n.* 暴力

strong〔strɔŋ〕*adj.*（言語）激烈的；粗暴的

9. (**A**) Tommy, please put away the toys in the box, or you might <u>stumble</u> on them and hurt yourself.

湯米，請把玩具收進箱子裡，不然你可能會被它們<u>絆倒</u>，傷到自己。

(A) ***stumble***〔'stʌmbḷ〕*v.* 絆倒 < *on* >   (B) graze〔grez〕*v.* 擦傷

(C) navigate〔'nævə,get〕*v.* 航行   (D) dwell〔dwɛl〕*v.* 居住

put away 收拾；收起來   toy〔tɔɪ〕*n.* 玩具

10. (**B**) The <u>annual</u> costume party, held every September, is one of the biggest events of the school year.

<u>一年一度</u>的化妝舞會在九月舉辦，是整個學年中最大的活動之一。

(A) initial〔ɪ'nɪʃəl〕*adj.* 最初的

(B) ***annual***〔'ænjʊəl〕*adj.* 一年一度的

(C) evident〔'ɛvədənt〕*adj.* 明顯的

(D) occasional〔ə'keʒənḷ〕*adj.* 偶爾的

costume〔'kastjum〕*n.* 服裝   ***costume party*** 化妝舞會

hold〔hold〕*v.* 舉行   event〔ɪ'vɛnt〕*n.* 大型活動

school year 學年

11. (**A**) In a job interview, attitude and personality are usually important <u>factors</u> that influence the decision of the interviewers.

在工作面試中，態度和個性通常是影響面試官決定的重要<u>因素</u>。

(A) *factor*〔'fæktɚ〕*n.* 因素　　　(B) outcome〔'aʊt‚kʌm〕*n.* 結果
(C) mission〔'mɪʃən〕*n.* 任務　　　(D) identity〔aɪ'dɛnətɪ〕*n.* 身分
interview〔'ɪntɚ‚vju〕*n.* 面試　　attitude〔'ætə‚tjud〕*n.* 態度
personality〔‚pɝsn'ælətɪ〕*n.* 個性　　influence〔'ɪnfluəns〕*v.* 影響
interviewer〔'ɪntɚ‚vjuɚ〕*n.* 面試官

12. (**D**) The snow-capped mountain is described so <u>vividly</u> in the book that the scene seems to come alive in front of the reader's eyes.
這座積雪蓋頂的山，在書中被描述得如此<u>栩栩如生</u>，以致於整個場景似乎在讀者眼前活了起來。

(A) distantly〔'dɪstəntlɪ〕*adv.* 遙遠地
(B) meaningfully〔'minɪŋfəlɪ〕*adv.* 有意義地
(C) cheerfully〔'tʃɪrfəlɪ〕*adv.* 愉快地
(D) *vividly*〔'vɪvɪdlɪ〕*adv.* 栩栩如生地
snow-capped *adj.* 積雪蓋頂的　　describe〔dɪ'skraɪb〕*v.* 描述
scene〔sin〕*n.* 場景；風景　　*come alive* 活躍起來

13. (**D**) Surrounded by flowers blooming and birds <u>chirping</u> merrily, the Wangs had a good time hiking in the national park.
在盛開的花朵以及開心地<u>嘰嘰喳喳叫</u>的鳥兒環繞下，王家人在國家公園健行時非常愉快。

(A) nap〔næp〕*v.* 午睡　　　　(B) scoop〔skup〕*v.* 舀出
(C) flip〔flɪp〕*v.* 彈；快速移動　　(D) *chirp*〔tʃɝp〕*v.* 吱喳地叫
surround〔sə'raʊnd〕*v.* 環繞　　bloom〔blum〕*v.* 開花
merrily〔'mɛrəlɪ〕*adv.* 愉快地　　*the Wangs* 王家人
have a good time 玩得愉快　　hike〔haɪk〕*v.* 健行
national park 國家公園

14. (**B**) It is essential for us to maintain constant <u>contact</u> with our friends to ensure that we have someone to talk to in times of need.
和朋友經常保持<u>聯絡</u>對我們而言是必要的，以確保我們在有需要時能找人談一談。

(A) benefit〔'bɛnəfɪt〕*n.* 利益　　(B) *contact*〔'kɑntækt〕*n.* 聯絡
(C) gesture〔'dʒɛstʃɚ〕*n.* 手勢　　(D) favor〔'fevɚ〕*n.* 幫忙
essential〔ə'sɛnʃəl〕*adj.* 必要的　　maintain〔men'ten〕*v.* 維持
constant〔'kɑnstənt〕*adj.* 不斷的；時常的　　ensure〔ɪn'ʃur〕*v.* 確保

15. (**C**) The young generation in this country has shown less interest in factory work and other <u>manual</u> labor jobs, such as house construction and fruit picking.

這個國家的年輕一代對於工廠的工作，以及其他<u>用手操作的</u>勞力工作，例如蓋房子和採收水果，比較沒興趣。

(A) causal〔ˈkɔzḷ〕*adj.* 因果的

(B) durable〔ˈdjʊrəbḷ〕*adj.* 持久的

(C) ***manual***〔ˈmænjʊəl〕*adj.* 用手操作的

(D) violent〔ˈvaɪələnt〕*adj.* 暴力的

generation〔ˌdʒɛnəˈreʃən〕*n.* 世代　　labor〔ˈlebɚ〕*n.* 勞力

construction〔kənˈstrʌkʃən〕*n.* 建造　　pick〔pɪk〕*v.* 摘

二、綜合測驗：

第 16 至 20 題為題組

April Fools' Day, one of the most light-hearted days of the year, has an unclear origin. Some see it as a celebration related to the turn of the seasons from winter to spring; others, however, believe that it <u>stems from</u> the adoption of a new calendar.
                                                                16

愚人節，一年之中最輕鬆愉快的日子之一，起源並不清楚。有些人認為，它跟由冬天轉為春天時，季節轉換的慶祝活動有關；然而，有些人相信，它起源於一種新曆法的採用。

fool〔ful〕*n.* 傻瓜；呆子　　*v.* 欺騙　　***April Fool's Day*** 愚人節

light-hearted〔ˈlaɪtˈhɑrtɪd〕*adj.* 輕鬆愉快的

unclear〔ʌnˈklɪr〕*adj.* 不清楚的　　origin〔ˈɔrədʒɪn〕*n.* 起源

some…others 有些…有些　　　***see A as B*** 認為 A 是 B

celebration〔ˌsɛləˈbreʃən〕*n.* 慶祝（活動）

be related to 和…有關　　　turn〔tɝn〕*n.* 轉換

adoption〔əˈdɑpʃən〕*n.* 採用　　calendar〔ˈkæləndɚ〕*n.* 曆法

16. (**C**) 依句意，選 (C) ***stems from***「起源於」。而 (A) lead to「導致；造成」，(B) bring out「使顯現」，(D) come across「偶然遇到」，則不合句意。

Ancient cultures celebrated New Year's Day on or around April 1, which roughly coincides with the beginning of spring. In 1582, Pope Gregory XIII

ordered a new calendar, which called for New Year's Day to be celebrated on January 1. However, many people, either refusing to accept the new date or not having heard about it, <u>continued</u> to celebrate New Year's Day on April 1.
　　　　　　　　　　　　　　　　　　17
Other people began to make fun of these traditionalists, sending them on "fool's errands" or trying to fool them into believing something false.
<u>Eventually</u>, the practice spread throughout Europe and the rest of the world.
　18

　　古文明慶祝元旦，都是在4月1日當天或前後，大約和春天的開始一致。在1582年，教宗格里高里八世下令制訂新曆法，要求在 1 月 1 日慶祝元旦。然而，很多人不是拒絕接受新的日期，就是沒聽說過這件事，繼續在4月1日慶祝元旦。其他人開始取笑這些傳統主義者，派他們去做「傻瓜的差事」，或試圖欺騙他們相信不實的事。最後，這種做法傳遍了歐洲及全世界其餘的地區。

ancient〔'enʃənt〕*adj.* 古代的　　culture〔'kʌltʃɚ〕*n.* 文化；文明
celebrate〔'sɛlə,bret〕*v.* 慶祝　　***New Year's Day*** 新年；元旦
around〔ə'raʊnd〕*adj.* 大約；…左右　　roughly〔'rʌflɪ〕*adv.* 大約
coincide〔,koɪn'saɪd〕*v.* 和…同時發生；一致
pope〔pop〕*n.* 教宗　　order〔'ɔrdɚ〕*v.* 下令　　***call for*** 要求
either A or B 不是 A，就是 B　　refuse〔rɪ'fjuz〕*v.* 拒絕
make fun of 取笑　　traditionalist〔trə'dɪʃənlɪst〕*n.* 傳統主義者
send〔sɛnd〕*v.* 派遣　　errand〔'ɛrənd〕*n.* 差事
send sb. on an errand 派某人去辦事　　false〔fɔls〕*adj.* 假的；錯的
practice〔'præktɪs〕*n.* 做法　　spread〔sprɛd〕*v.* 散播；流傳
throughout〔θru'aʊt〕*prep.* 遍及

17. (**D**) 主詞是 many people，分詞片語 either refusing… about it 修飾主詞，故空格應填動詞，依句意為過去式，選 (D) ***continued***「繼續」。

18. (**B**) 依句意，選 (B) ***Eventually***「最後」。而 (A) precisely〔prɪ'saɪslɪ〕*adv.* 精確地，(C) additionally「此外」，(D) literally〔'lɪtərəlɪ〕*adv.* 照字面地；實在地，則不合句意。

　　Nowadays, on April Fools' Day, people often <u>go to great lengths</u> to
　　　　　　　　　　　　　　　　　　　　　　　　　19
create elaborate hoaxes to fool others. Newspapers, radio and TV stations, and websites have participated in the April 1 tradition of making <u>fictional</u>
　　　　　　　　　　　　　　　　　　　　　　　　　　　20

reports in order to fool their audiences. The BBC once reported that Swiss farmers were experiencing a spaghetti crop and showed scenes of people harvesting noodles from trees. Guess what? Numerous viewers were fooled.

現在，在愚人節，人們常會不遺餘力地創造精心設計的騙局來欺騙別人。報紙、廣播、電視台和網站，都參與了4月1日做虛構報導的傳統，以欺騙他們的觀眾。英國廣播公司（BBC）曾經報導說，瑞士的農民種出了一種義大利麵農作物，並且播放人們從樹上採收麵條的畫面。猜猜看發生了什麼事？有許多的觀眾被騙。

nowadays〔'navə,dez〕adv. 現在　　create〔krɪ'et〕v. 創造
elaborate〔ɪ'læbərɪt〕adj. 精心製作的　　hoax〔hoks〕n. 騙局
in order to V. 爲了要…　　website〔'wɛb,saɪt〕n. 網站
participate〔par'tɪsə,pet〕v. 參與< *in* >
tradition〔trə'dɪʃən〕n. 傳統　　audience〔'ɔdɪəns〕n. 觀眾
BBC 英國廣播公司（= *British Broadcasting Corporation*）
Swiss〔swɪs〕adj. 瑞士的　　experience〔ɪk'spɪrɪəns〕v. 經歷；體驗
spaghetti〔spə'gɛtɪ〕n. 義大利麵　　crop〔krap〕n. 農作物
show〔ʃo〕v. 出示；顯示；上演　　scene〔sin〕n. 場面；情景
harvest〔'harvɪst〕v. 收割；收穫　　noodle〔'nudl〕n. 麵
Guess what? 猜猜看發生了什麼事？
numerous〔'njumərəs〕adj. 許多的　　viewer〔'vjuə〕n. 觀眾

19.（**B**）依句意，選 (B) *go to great lengths*「不遺餘力」。而 (A) come to an end「結束」，(C) put in service「使服役；使運轉」，(D) hold in store「儲藏」，則不合句意。

20.（**A**）依句意，選 (A) *fictional*〔'fɪkʃənl〕adj. 虛構的。而 (B) essential〔ə'sɛnʃəl〕adj. 必要的，(C) ancient「古代的」，(D) subjective〔sʌb'dʒɛktɪv〕adj. 主觀的，則不合句意。

第 21 至 25 題爲題組

The pineapple, a delicious tropical fruit, has been valued for centuries not only for its distinct and unique taste, but also for its miraculous health and medical benefits. But pineapples can also be a fashionable fruit: Pineapple leaves can serve as a substitute for leather.
21

鳳梨是一種好吃的熱帶水果，數百年來一直很受重視，因爲它具有非常獨特的風味，以及神奇的健康與醫療上的益處。但鳳梨也可能是一種時尚的水果：鳳梨葉可以充當皮革的替代品。

pineapple〔'paɪnˌæpl̩〕*n.* 鳳梨　　tropical〔'trɑpɪkl̩〕*adj.* 熱帶的
value〔'vælju〕*v.* 重視　　century〔'sɛntʃərɪ〕*n.* 世紀
not only…but also 不僅…而且　　distinct〔dɪ'stɪŋkt〕*adj.* 獨特的
unique〔ju'nik〕*adj.* 獨特的　　taste〔test〕*n.* 味道
miraculous〔mə'rækjələs〕*adj.* 奇蹟般的；不可思議的
medical〔'mɛdɪkl̩〕*adj.* 醫學的；醫療的
benefit〔'bɛnəfɪt〕*n.* 利益；好處
fashionable〔'fæʃənəbl̩〕*adj.* 流行的；時尚的
substitute〔'sʌbstəˌtjut〕*n.* 代替品 <*for*>　　leather〔'lɛðɚ〕*n.* 皮革

21. (**D**) 依句意，選 (D) ***serve as***「充當」。而 (A) bring along「帶來」，
　　　 (B) turn out「結果（成爲）」，(C) account for「說明」，則不合句意。

The idea was developed when a Spanish designer travelling to the
Philippines observed a traditional Filipino shirt <u>woven</u> together with the
　　　　　　　　　　　　　　　　　　　　　　　　　　　22
fibers of pineapple leaves.　After five years of research, she created from
pineapple leaves a material which, like real leather, can be used for making
bags, shoes, and <u>other</u> textile products.　It is an eco-friendly and biodegradable
fiber.
　　　23
　　這個點子是由一位西班牙的設計師想出來的，當她前往菲律賓時，看到一種
傳統的菲律賓襯衫，是用鳳梨葉的纖維編織成的。經過了五年的研究，她用鳳梨
葉創造出了一種材料，就像眞的皮革一樣，可以用來製作袋子、鞋子，和其他的
紡織品。它是一種環保和生物能分解的纖維。

develop〔dɪ'vɛləp〕*v.* 發展；研發　　Spanish〔'spænɪʃ〕*adj.* 西班牙的
designer〔dɪ'zaɪnɚ〕*n.* 設計師　　***travel to*** 前往
the Philippines〔'fɪləˌpinz〕菲律賓
observe〔əb'zɝv〕*v.* 觀察；看到　　traditional〔trə'dɪʃənl̩〕*adj.* 傳統的
Filipino〔ˌfɪlə'pino〕*adj.* 菲律賓的　　fiber〔'faɪbɚ〕*n.* 纖維
research〔'risɝtʃ〕*n.* 研究　　material〔mə'tɪrɪəl〕*n.* 材料；物質
textile〔'tɛkstl̩ , 'tɛkstaɪl〕*adj.* 紡織的
eco-friendly〔'ikoˌfrɛndlɪ〕*adj.* 環保的
biodegradable〔'baɪodɪ'gredəbl̩〕*adj.* 生物所能分解的

22. (**C**) 先行詞 shirt 之後應爲形容詞子句，依句意爲被動，故空格應塡入
　　　 which was woven，又關代和 be 動詞可同時省略，故選 (C) ***woven***。
　　　 weave〔wiv〕*v.* 編織

23. (**C**) 這種材料可以用來製作袋子、鞋子，和「其他的」紡織品，選 (C) *other*。

This eco-friendly leather has clear <u>advantages</u> for the environment,
24
compared to real leather and synthetic leathers. It requires fewer chemicals,
making it safer for the workers in factories. Its manufacture also leaves a
smaller carbon footprint. In addition, the leftover material following the
removal of fibers can even be used as a natural fertilizer back in the pineapple
fields.

　　這種環保的皮革和眞皮或合成皮相比，對環境有很明顯的好處。它需要的化
學物質較少，使得它對工廠的工人而言，比較安全。它的製造所遺留的碳足跡也
比較少。此外，在取出纖維後剩餘的材料，甚至可以拿回去鳳梨田做天然的肥料。

> clear〔klɪr〕*adj.* 清楚的；明確的　　compare〔kəm'pɛr〕*v.* 比較
> ***compared to*** 和…相比　　synthetic〔sɪn'θɛtɪk〕*adj.* 合成的
> require〔rɪ'kwaɪr〕*v.* 需要　　chemical〔'kɛmɪkl̩〕*n.* 化學物質
> manufacture〔ˌmænjə'fæktʃɚ〕*n.* 製造
> carbon〔'kɑrbən〕*n.* 碳　　footprint〔'fʊtˌprɪnt〕*n.* 足跡
> ***carbon footprint*** 碳足跡【反映個人或團體的「碳耗用量」】
> leftover〔'lɛftˌovɚ〕*adj.* 殘餘的
> following〔'fɑloɪŋ〕*prep.* 在…以後
> removal〔rɪ'muvl̩〕*n.* 移動；除去　　fertilizer〔'fɝtl̩ˌaɪzɚ〕*n.* 肥料
> back〔bæk〕*adv.* 在原處；回原處　　field〔fild〕*n.* 田野

24. (**A**) 依句意，選 (A) ***advantages***〔əd'væntɪdʒz〕*n. pl.* 優點；好處。
　　　　而 (B) consideration〔kənˌsɪdə'reʃən〕*n.* 考慮；該考慮的事，
　　　　(C) opportunity〔ˌɑpɚ'tjunətɪ〕*n.* 機會，
　　　　(D) responsibility〔rɪˌspɑnsə'bɪlətɪ〕*n.* 責任，則不合句意。

<u>Due to</u> its low cost, this innovative material is already being used by
25
many leading fashion companies to make their products.

　　由於成本很低，所以這種創新的材料已經被許多一流的時裝公司，用來製造
他們的產品。

> cost〔kɔst〕*n.* 成本　　innovative〔'ɪnəˌvetɪv〕*adj.* 創新的
> leading〔'lidɪŋ〕*adj.* 主要的；一流的
> fashion〔'fæʃən〕*n.* 時裝；流行

25. (**A**) 依句意，選 (A) *Due to*「由於」。而 (B) nothing but「只是」(= *only*)，
　　　(C) in contrast to「和⋯成對比；與⋯相比」，(D) on behalf of「代表」，
　　　則不合句意。

第 26 至 30 題為題組

Researchers from a university in Japan have developed "diet-glasses" that play tricks with one's perception of food, which could be helpful to people on a diet.　A camera and a viewing system are built <u>into</u> these glasses.
　　　　　　　　　　　　　　　　　　　　　　　　　26
As the wearer brings the food toward their mouth, the camera captures an image of the food.　It replays the image back through the glasses after processing it on an attached computer.　The size of the food they are about to eat is magnified while <u>that</u> of their hand remains normal.　Their brain is
　　　　　　　　　　　　　　　　27
<u>therefore</u> tricked into thinking they are eating more than they really are.　The
28
study showed that participants who wore the glasses ate 9.3% less than those who did not wear them.

　　　日本的一所大學的研究人員，已經研發出「節食眼鏡」，能欺騙人類對食物的感受，這對正在節食的人可能是有幫助的。這些眼鏡內建了一台照相機和一個視窗。當戴的人將食物拿向他們的嘴巴時，照相機就會捕捉食物的影像。在附屬的電腦處理過之後，它就會透過這個眼鏡重播影像。他們正要吃的食物尺寸會被放大，而他們的手的尺寸則是保持正常。因此，他們的大腦就會受騙，認為他們吃的比實際上還多。這項研究顯示，戴這種眼鏡的參與者，比不戴這種眼鏡的人，吃的份量少 9.3%。

　　diet〔'daɪət〕*n.* 節食　　glasses〔'glæsɪz〕*n. pl.* 眼鏡
　　trick〔trɪk〕*n.* 詭計；欺瞞　*v.* 欺騙　　***play tricks with*** 欺騙
　　perception〔pɚ'sɛpʃən〕*n.* 認知；感受　　***on a diet*** 節食
　　viewing system 視窗　　toward〔tord〕*prep.* 朝著
　　capture〔'kæptʃɚ〕*v.* 捕捉　　image〔'ɪmɪdʒ〕*n.* 影像
　　replay〔ri'ple〕*v.* 重播；重放　　process〔'prɑsɛs〕*v.* 處理
　　attached〔ə'tætʃt〕*adj.* 附屬的　　***be about to*** 即將；快要
　　magnify〔'mægnə,faɪ〕*v.* 放大　　while〔hwaɪl〕*conj.* 然而
　　remain〔rɪ'men〕*v.* 仍然　　normal〔'nɔrml̩〕*adj.* 正常的
　　study〔'stʌdɪ〕*n.* 研究　　participant〔par'tɪsəpənt〕*n.* 參與者

26. (**B**) *be built into* 被內建於

27. (**B**) 為了避免重複前面的單數名詞 the size，代名詞用 *that*。

28. (**D**) 依句意，「因此」，他們的大腦就會受騙，選 (D) *therefore*。
而 (A) beforehand「事先」，(B) likewise「同樣地」，(C) instead
「取而代之」，均不合句意。

The team has also developed a special device which uses scent bottles
and visual trickery to make the wearers of these glasses think that the plain
snack they are eating is <u>tastier</u> than it actually is. The device, for instance,
　　　　　　　　　　　29
can be set to <u>release</u> one's favorite flavor. Recent experiments with this
　　　　　　　30
device showed that 80% of the participants were fooled by the smell. For
example, some participants thought that they were eating a chocolate snack,
but in fact they were not.

這個團隊也研發出一種特別的裝置，利用香水瓶和視覺欺騙，使戴這種眼鏡
的人認為，他們正在吃的平凡點心，比實際上更美味。例如，這種裝置可以被設
定成，能夠釋放一個人最喜愛的口味。最近用這項裝置所做的實驗顯示，有百分
之八十的參與者被味道所欺騙。例如，有些參與者認為，他們正在吃巧克力點心，
但事實上並不是。

> team〔tim〕*n.* 團隊　　device〔dɪ'vaɪs〕*n.* 裝置
> scent〔sɛnt〕*n.* 氣味；香味　　***scent bottle*** 香水瓶
> visual〔'vɪʒʊəl〕*adj.* 視覺的　　trickery〔'trɪkərɪ〕*n.* 欺騙
> plain〔plen〕*adj.* 平凡的　　snack〔snæk〕*n.* 點心
> actually〔'æktʃʊəlɪ〕*adv.* 實際上　　***for instance*** 例如（ = *for example* ）
> set〔sɛt〕*v.* 設定　　flavor〔'flevɚ〕*n.* 口味
> smell〔smɛl〕*n.* 味道；氣味　　***in fact*** 事實上

29. (**D**) 依句意，比實際上「更美味」，選 (D) *tastier*。tasty〔'testɪ〕*adj.* 美味
的；可口的。而 (A) pretty「漂亮的」，(B) large「大的」，(C) healthy
「健康的」，則不合句意。

30. (**B**) 依句意，這種裝置可以被設定，「釋放」出一個人最喜愛的口味，選
(B) *release*〔rɪ'lis〕*v.* 釋放。而 (A) impress〔ɪm'prɛs〕*v.* 使印象深刻，
(C) bother〔'baðɚ〕*v.* 打擾，(D) attract〔ə'trækt〕*v.* 吸引，則不合句意。

三、文意選填：

第 31 至 40 題爲題組

My father started to suffer from memory loss right after his marriage. Or so my mother told us. She said they were married on May 26, while my dad's memory told him it was June 25. This often [31.] **(G) ruined** their anniversary celebration, for his rose bouquet always came one month late. Mom seldom asked Dad to go shopping in the traditional market for her. But whenever Dad [32.] **(E) insisted** on going, she made sure that he brought a shopping list. Dad certainly had the list [33.] **(F) ready** when he left for the market, but he would somehow forget it, and then would find it again only after he returned home. Of course, the [34.] **(B) purchases** that he made were based mainly on his memory of the list. Unfortunately, the items were usually different from Mom's [35.] **(D) requests**.

我的父親在婚後就開始喪失記憶。或者我的母親就是這樣告訴我們的。她說他們在 5 月 26 日結婚，而我爸爸的記憶告訴他，是 6 月 25 日。這常會破壞他們週年紀念日的慶祝活動，因爲他的玫瑰花束總是遲到一個月。媽媽很少要求爸爸替她去傳統市場購物。但是每當爸爸堅持要去時，她會確定他有帶購物清單。當爸爸前往市場時，當然會把購物清單準備好，但不知道爲什麼，他就是會忘了帶，然後只有在回到家後，才會再找到。當然，他買東西主要是根據他對那張清單的記憶。遺憾的是，那些物品通常和媽媽所要求的不一樣。

> **suffer from** 遭受；罹患　　memory〔'mɛmərɪ〕 n. 記憶（力）
> loss〔lɔs〕 n. 喪失　　**right after** 就在⋯之後
> marriage〔'mærɪdʒ〕 n. 婚姻；結婚
> ruin〔'ruɪn〕 v. 破壞　　anniversary〔͵ænə'vɜsərɪ〕 n. 週年紀念
> bouquet〔bu'ke〕 n. 花束　　traditional〔trə'dɪʃənl〕 adj. 傳統的
> market〔'markɪt〕 n. 市場　　**insist on** 堅持　　**make sure** 確定
> **shopping list** 購物清單　　**leave for** 動身前往
> somehow〔'sʌm͵haʊ〕 adv. 不知道爲什麼　　purchase〔'pɜtʃəs〕 n. 購買
> **be based on** 根據　　mainly〔'menlɪ〕 adv. 主要地
> unfortunately〔ʌn'fɔrtʃənɪtlɪ〕 adv. 遺憾的是　　item〔'aɪtəm〕 n. 物品
> request〔rɪ'kwɛst〕 n. 要求

My father's poor memory gave him certain advantages, though. For instance, he was [36.] **(C) trusted** with many secrets in my family and our

community. Because of his poor memory, he had the [37.] **(H)** privilege of
hearing everyone's private matters. The reason was [38.] **(J)** obvious : Dad would
not remember any of it, we thought. As for our neighbors, they liked to invite
my father to dinner so that they could tell him stories about their children,
parents, friends, and pets. They also believed the secrets in their families
would never be [39.] **(I)** revealed. They were quite right, for my father cared
[40.] **(A)** little about who did what to whom. But there is one thing he would
never forget: showing up for dinner on time.

　　不過，我父親差勁的記憶力也給了他某些好處。例如，在我們家和我們的社
區，很多人把祕密託付給他。因為他記性差，所以他有特權，能聽到每個人的私
事。這個理由很明顯：爸爸不會記得任何一件事，我們是這麼認為的。至於我們
的鄰居，他們喜歡邀請我爸爸去吃晚餐，這樣他們就可以告訴他，關於他們的小
孩、父母、朋友，以及寵物的故事。他們也相信，他們家裡的祕密絕不會被洩露
出去。他們非常正確，因為我的父親不太在意誰對誰做了什麼。但有件事他絕不
會忘記：晚餐時要準時出現。

> poor〔pʊr〕*adj.* 差勁的　　certain〔'sɝtn̩〕*adj.* 某些
> though〔ðo〕*adv.* 不過【置於句尾】　　trust〔trʌst〕*v.* 信託；委託
> secret〔'sikrɪt〕*n.* 祕密　　community〔kə'mjunətɪ〕*n.* 社區
> privilege〔'prɪvl̩ɪdʒ〕*n.* 特權　　private〔'praɪvɪt〕*adj.* 私人的
> matter〔'mætɚ〕*n.* 事情　　obvious〔'ɑbvɪəs〕*adj.* 明顯的
> *as for* 至於　　neighbor〔'nebɚ〕*n.* 鄰居　　*so that* 以便於
> pet〔pɛt〕*n.* 寵物　　reveal〔rɪ'vil〕*v.* 洩露
> quite〔kwaɪt〕*adv.* 相當　　care〔kɛr〕*v.* 在乎
> little〔'lɪtl̩〕*adv.* 幾乎不；很少　　*show up* 出現　　*on time* 準時

四、閱讀測驗：

第 41 至 44 題為題組

　　Angelfish, often found in the warm seas and coral reefs, are among the
most brightly colored fish of the ocean. Brilliant colors and stripes form
amazing patterns on their body. These patterns actually help the fish to hide
from danger among roots and plants. At night, when these fish become
inactive, their colors may become pale. Often, the young ones are differently
colored than the adults. Some scientists believe that the color difference
between the young and the old indicates their different social positions.

經常在溫暖海洋和珊瑚礁發現到的神仙魚，是海裡面顏色最鮮豔的魚類之一。在神仙魚身上艷麗的顏色和條紋是他們註冊商標。這些特色有助於讓他們藏身在植物和草根之中，躲避外面的危險。夜晚時，當這些神仙魚活力下降的時候，他們身上的顏色會變淡。通常來說，年幼的神仙魚身上的顏色會和年長的不同。有一些科學家相信，他們身上顏色的不同代表著社會階級的差異。

angelfish〔ˈendʒəlˌfɪʃ〕*n.* 神仙魚　　coral〔ˈkɔrəl〕*n.* 珊瑚

reef〔rif〕*n.* 礁石　　brightly〔ˈbraɪtlɪ〕*adv.* 明亮地

brilliant〔ˈbrɪljənt〕*adj.* 鮮明的　　stripe〔straɪp〕*n.* 條紋

amazing〔əˈmezɪŋ〕*adj.* 驚人的　　pattern〔ˈpætən〕*n.* 模式

hide〔haɪd〕*v.* 躲藏　　root〔rut〕*n.* 植物的根

inactive〔ɪnˈæktɪv〕*adj.* 不活躍的　　pale〔pel〕*adj.* 蒼白的；淡的

adult〔əˈdʌlt〕*n.* 成年人　　indicate〔ˈɪndəˌket〕*v.* 指出

social position 社會地位

Another interesting fact about angelfish is that they have an occupation in the fish world. Most of them act as cleaners for other fish and pick dead tissue from their bodies. This is not their food, though. Their diet consists mainly of sponge and algae.

另外有一個關於神仙魚有趣的事情，在魚的世界裡面，他們是有擔任工作的。他們大多扮演清道夫的角色，負責清理其他魚身上死掉的組織。不過，這並非是他們的食物。他們的食物主要是海綿和藻類。

occupation〔ˌɑkjəˈpeʃən〕*n.* 工作　　tissue〔ˈtɪʃju〕*n.* 組織

consist〔kənˈsɪst〕*v.* 組成 < *of* >　　sponge〔spʌndʒ〕*n.* 海綿

algae〔ˈældʒi〕*n.* 藻類

One particular kind of angelfish, the blackspot angelfish, has a special capability that allows it to change gender from female to male. However, the change is not made at random; it happens for a specific reason. Angelfish live in groups, and each group has one male fish, which is blue in color, and four female fish, which are yellow. The male angelfish is the strongest and largest member of the group. He is the one who protects and looks after the females. When the male dies, the group needs a new "security guard." This is when the largest female in the group begins to change in appearance. She begins to grow larger in size, and after a week, she starts changing color, from yellow to blue. Slowly, her behavior toward the other fish also changes. She begins behaving like a male. Two weeks later, black stripes appear on her body, indicating the gender change is complete. She is now completely male!

　　有一種特別的黑斑神仙魚，他有特別的能力，可以從母的神仙魚變性成為公的神仙魚。不過，這種變化不是隨機的。是在特定的情況下才會發生的。神仙魚過的是群體生活，每一個群體有一隻藍色的公神仙魚，搭配四隻黃色的母神仙魚。在群體裡面，公神仙魚是體型最大也是最強大的。他負責保護和照顧母神仙魚。當公神仙魚死掉的時候，他們需要一位新的保全。這個時候，群體裡面體型最大的母神仙魚的外表開始改變。她的體型開始變大，一個禮拜之後，身上顏色開始由黃色變成藍色。漸漸地，她對其他魚群的行為也開始改變。她的行為開始變成公神仙魚的樣子。兩個禮拜之後，她的身上開始出現黑色的條紋，這個階段表示她已經變成了他，不折不扣的他。

> particular〔pəˋtɪkjələ〕*adj.* 特定的
> blackspot〔ˋblækˏspɑt〕*n.* 黑色斑點
> capability〔ˏkepəˋbɪlətɪ〕*n.* 能力
> gender〔ˋdʒɛndə〕*n.* 性別　　female〔ˋfimel〕*n.* 女性；雌性動物
> male〔mel〕*n.* 男性；雄性動物　　*at random* 隨機地
> specific〔spɪˋsɪfɪk〕*adj.* 特定的　　security〔sɪˋkjurətɪ〕*n.* 安全
> guard〔gɑrd〕*n.* 警衛　　appearance〔əˋpɪrəns〕*n.* 外觀
> behave〔bɪˋhev〕*v.* 行為；舉止　　appear〔əˋpɪr〕*v.* 出現

41. (**A**) 神仙魚在海裡的工作是什麼？
　　(A) 當其他魚的清道夫。　　　　(B) 當其他魚的保鑣。
　　(C) 當其他植物和根的園丁。　　(D) 當海綿和藻類的照顧者。

42. (**B**) 對於神仙魚身上顏色的敘述下列何者正確？
　　(A) 母的神仙魚身上的顏色是藍的。
　　(B) 神仙魚的顏色在晚上比較暗。
　　(C) 公的神仙魚身上沒有黑條紋。
　　(D) 成年和未成年的神仙魚顏色是一樣的。

43. (**D**) 根據文章，造成黑斑神仙魚變換性別的原因是什麼？
　　(A) 對於團體的危險。　　　　(B) 魚飲食的改變。
　　(C) 小神仙魚的誕生。　　　　(D) 群體中公神仙魚的死亡。

> trigger〔ˋtrɪɡə〕*v.* 造成

44. (**C**) 在變性過程中，黑斑神仙魚改變的順序下列何者正確？
　　(A) 大小→行為→顏色→條紋。　　　(B) 顏色→大小→行為→條紋。
　　(C) 大小→顏色→行為→條紋。　　　(D) 顏色→行為→大小→條紋。

第 45 至 48 題為題組

　　Totem poles in North America are poles or posts carved with symbols or figures by Aboriginal peoples of the Northwest Coast. Carved from large, straight trees and painted vibrant colors, the totem poles are not just unique works of art. The coastal peoples have long passed on knowledge from generation to generation through oral traditions, and totem poles were the traditional way of telling the story of an individual family or clan.

　　北美洲的圖騰柱是一根一根的柱子或竿子，上面被西北岸地區原住民雕刻出各種符號或人物。它們是用大又直的樹幹雕刻出來，塗著鮮亮的色彩，這些圖騰柱不只是獨特的藝術品而已。沿海的原住民族長久以來一直用口耳相傳的方式來把知識一代一代傳遞下去，圖騰柱就是用來講述個別家族或氏族的故事的傳統方法。

> totem〔'totəm〕*n.* 圖騰　　　pole〔pol〕*n.* 柱子
> post〔post〕*n.* 柱子　　　carve〔karv〕*v.* 雕刻
> symbol〔'sɪmbl̩〕*n.* 象徵；符號　　figure〔'fɪgjɚ〕*n.* 人物
> aboriginal〔ˌæbə'rɪdʒənl̩〕*adj.* 土著的；原住民的
> people〔'pipl̩〕*n.* 民族　　northwest〔ˌnɔrθ'wɛst〕*adj.* 西北（部）的
> coast〔kost〕*n.* 海岸　　　straight〔stret〕*adj.* 直的
> vibrant〔'vaɪbrənt〕*adj.* 充滿活力的；（顏色）鮮明的
> work〔wɜk〕*n.* 作品　　　coastal〔'kostl̩〕*adj.* 沿岸的
> ***pass on*** 傳遞　　　generation〔ˌdʒɛnə'reʃən〕*n.* 世代
> oral〔'ɔrəl〕*adj.* 口頭的　　individual〔ˌɪndə'vɪdʒuəl〕*adj.* 個別的
> clan〔klæn〕*n.* 氏族；部落；家族

　　The totem pole can be grouped into specific categories, depending on its location and the occasion for which it was carved. Welcome poles were traditionally placed on village beachfronts to greet visitors arriving by canoe. Inside the homes of high-ranking chiefs is where house poles were found. The family's history was carefully carved into each pole. Placed along the rear or front walls of a house, house poles also helped to support the main beam of the roof.

圖騰柱可以被分類成特定的類別，取決於它的所在位置，以及它是爲了什麼場合而雕刻的。歡迎圖騰柱傳統上樹立在村莊前面的海濱地區，用來歡迎坐著獨木舟而來的客人。位階高的部落酋長家裡則是放置住家圖騰柱的地方。這一家歷史會小心地刻在每一根柱子上。它們會沿著住家後面或前面的牆壁來放置，同時幫助支撐著屋頂的大樑。

group〔grup〕*v.* 把…分組；把…歸類
specific〔spɪˋsɪfɪk〕*adj.* 特定的
category〔ˋkætəˏgorɪ〕*n.* 類別；範疇　　*depend on* 視…而定
location〔loˋkeʃən〕*n.* 地點；位置
occasion〔əˋkeʒən〕*n.* 場合　　place〔ples〕*v.* 放置
village〔ˋvɪlɪdʒ〕*n.* 村莊　　beachfront〔ˋbitʃˏfrʌnt〕*n.* 海濱地區
greet〔grit〕*v.* 迎接　　canoe〔kəˋnu〕*n.* 獨木舟
high-ranking〔ˋhaɪˏræŋkɪŋ〕*adj.* 等級高的；職位高的
chief〔tʃif〕*n.* 酋長；頭目　　rear〔rɪr〕*adj.* 後面的
front〔frʌnt〕*adj.* 前面的　　support〔səˋport〕*v.* 支撐
beam〔bim〕*n.* 樑　　roof〔ruf〕*n.* 屋頂

Memorial poles stood in front of a house. They were erected in memory of a deceased chief or a high-ranking clan member. The poles depicted the person's accomplishments or family history. Mortuary poles were also raised to honor the dead, but they differed from memorial poles, having a burial box placed at the top of the pole. Inside the burial box were the remains of the deceased.

紀念圖騰柱則是豎立房子的前面，被豎立來紀念已故的酋長或高階的氏族成員。這類柱子描繪了當事人的成就或家庭歷史。停靈柱也是樹立來榮耀死者，但和紀念柱不同，它的頂端擺著一個埋葬箱，裡面放著死者的遺骸。

memorial〔məˋmorɪəl〕*adj.* 紀念的　　stand〔stænd〕*v.* 豎立
erect〔ɪˋrɛkt〕*v.* 豎立　　*in memory of* 紀念
deceased〔dɪˋsist〕*adj.* 死亡的　　depict〔dɪˋpɪkt〕*v.* 描繪
accomplishments〔əˋkamplɪʃmənts〕*n. pl.* 成就
mortuary〔ˋmɔrtʃʊˏɛrɪ〕*n.* 太平間；停屍處
raise〔rez〕*v.* 使…立起　　honor〔ˋanɚ〕*v.* 紀念
the dead 死者　　*differ from* 和…不同
burial〔ˋbɛrɪəl〕*n.* 埋葬　　remains〔rɪˋmenz〕*n. pl.* 遺骸

While many of these poles can still be found in various locations on the west coast of North America, there is one pole that can now only be found in a museum—the shame pole. Traditionally, shame poles were carved for a chief to embarrass and ridicule another who had done something wrong. Once the wrong was made right, the pole was taken down.

儘管在北美西岸的不同地點還可以找到許多這樣的柱子，有一種柱子現在只能在博物館看得到，那就是恥辱柱。傳統上，恥辱柱是因為一個酋長要羞辱和取笑另一個做了錯事的酋長而雕刻的。一旦錯誤被糾正回來，柱子就會被取下來。

while〔hwaɪl〕*conj.* 雖然　　various〔'vɛrɪəs〕*adj.* 各種不同的
shame〔ʃem〕*n.* 羞恥；恥辱　　embarrass〔ɪm'bærəs〕*v.* 使尷尬
ridicule〔'rɪdɪ,kjul〕*v.* 嘲笑　　***take down*** 取下；拆毀

Totem poles are important expressions of specific Aboriginal cultures. Despite the threats posed by cultural and political **encroachment** of colonial forces, the art of totem pole carving has survived. Aboriginal carvers continue to carve totems as symbols of their cultural pride and clan kinship.

圖騰柱是特別原住民文化的重要表現。儘管面臨著殖民勢力的文化和政治入侵，圖騰柱雕刻這門藝術還是保留了下來。原住民的雕刻者持續雕刻著圖騰，做為他們文化驕傲及氏族血統的象徵。

expression〔ɪk'sprɛʃən〕*n.* 表達　　despite〔dɪ'spaɪt〕*prep.* 儘管
threat〔θrɛt〕*n.* 威脅　　pose〔poz〕*v.* 引起；帶來
encroachment〔ɪn'krotʃmənt〕*n.* 侵略
colonial〔kə'lonɪəl〕*adj.* 殖民（者）的
force〔fors〕*n.* 力量
survive〔sə'vaɪv〕*v.* 存活；殘存；遺留下來
carver〔'kɑrvə〕*n.* 雕刻家　　pride〔praɪd〕*n.* 驕傲
kinship〔'kɪnʃɪp〕*n.* 親戚關係；血族關係

45.(**B**) 以下哪一個是這個文章最好的標題？
(A) 圖騰柱，原住民族的傳說　　　(B) 圖騰柱：它們的功能
(C) 圖騰柱，歷史反抗的象徵　　　(D) 圖騰柱：它們的設計

legend〔'lɛdʒənd〕*n.* 傳說；傳奇　　function〔'fʌŋkʃən〕*n.* 功能
historical〔hɪs'tɔrɪkl̩〕*adj.* 歷史的
resistance〔rɪ'zɪstəns〕*n.* 抵抗　　design〔dɪ'zaɪn〕*n.* 設計

46. (**D**) 段落 2 到段落 4 裡面的訊息是如何組織的？
    (A) 根據重要性順序。   (B) 根據時間順序。
    (C) 根據因果關係。   (D) <u>根據分類。</u>
    organize〔'ɔrgən‚aɪz〕*v.* 組織；安排
    order〔'ɔrdɚ〕*n.* 順序   ***cause and effect*** 因果關係
    classification〔‚klæsəfə'keʃən〕*n.* 分類

47. (**D**) 以下何者是座落在水邊？
    (A) 住家柱。   (B) 恥辱柱。
    (C) 紀念柱。   (D) <u>歡迎柱。</u>
    be located at 位於   edge〔ɛdʒ〕*n.* 邊緣
    body〔'bɑdɪ〕*n.* 聚集   ***a body of water*** 水域

48. (**A**) 以下何者最接近末段中 encroachment 一字的字義？
    (A) <u>入侵。</u>   (B) 約定。
    (C) 反對。   (D) 豐富。
    invasion〔ɪn'veʒən〕*n.* 入侵   objection〔əb'dʒɛkʃən〕*n.* 反對
    enrichment〔ɪn'rɪtʃmənt〕*n.* 豐富

<u>第 49 至 52 題為題組</u>

    Music has a tendency to get stuck in our heads. Sometimes a tune intrudes on our thoughts and then plays, and replays, in a never-ending loop. This interesting phenomenon becomes a **subject** explored by many scientists. They use a range of terms to describe it—stuck-song syndrome, sticky music, cognitive itch, or most commonly "earworm." Earworms can run around our heads for several minutes to numerous hours. As the melody repeats, it becomes embedded into our mind. Even though our ears do not hear the tune, our brain continues to play it.

    音樂有一種獨特的傾向。它的旋律會在我們的腦海不斷的重現。有時候某一段旋律會入侵我們的意識。一而再、再而三地重現，如同無限迴圈般。如今，這個有趣的現象形成了一個主題，有好多的科學家在當中探討著。這些科學家使用一系列的專有名詞來形容這一現象——例如，卡曲綜合症、黏滯音樂、認知搔癢，或是為人所熟知的餘音繚繞的耳蟲現象。耳蟲現象的持續狀況，少則幾分鐘，多則好幾個小時。隨著旋律的重複，這個旋律就深植腦海裏。儘管我們的耳朵沒有聽見曲調，我們的腦海也會持續地播放。

tendency〔'tɛndənsɪ〕*n.* 傾向　　stuck〔stʌk〕*adj.* 困住的；卡住的

tune〔tjun〕*n.* 旋律　　intrude〔ɪn'trud〕*v.* 入侵

play〔ple〕*v.* 播放　　replay〔ri'ple〕*v.* 再播放

never-ending *adj.* 沒完沒了的

loop〔lup〕*n.* 環；圈；循環；迴路

phenomenon〔fə'namə,nan〕*n.* 現象

subject〔'sʌbdʒɪkt〕*n.* 主題　　explore〔ɪk'splor〕*v.* 探討

range〔rendʒ〕*n.* 範圍；系列　　***a range of*** 一系列的

term〔tɝm〕*n.* 名詞　　describe〔dɪ'skraɪb〕*v.* 描述

syndrome〔'sɪn,drom〕*n.* 症候群　　sticky〔'stɪkɪ〕*adj.* 黏的

cognitive〔'kɑgnətɪv〕*adj.* 認知的　　itch〔ɪtʃ〕*n.* 癢；渴望；慾望

commonly〔'kɑmənlɪ〕*adv.* 常見地

earworm〔'ɪr,wɝm〕*n.* 耳蟲；餘音繚繞

melody〔'mɛlədɪ〕*n.* 旋律　　repeat〔rɪ'pit〕*v.* 重複

embedded〔ɪm'bɛdɪd〕*adj.* 植入的；嵌入的

　　Earworms often take the form of song fragments rather than entire songs, and the song is usually a familiar one. Researchers are not sure why some songs are more likely to get stuck in our heads than others, but everyone has their own tunes. Often those songs have a simple, upbeat melody and catchy, repetitive lyrics, such as popular commercial jingles and slightly annoying radio hits. Recent or repeated exposure to a song or even a small part of a song can also trigger earworms, as can word associations, such as a phrase similar to the lyrics of a song.

　　耳蟲現象多半是以音樂的片段形式出現，而不是整首曲目。通常是爲人熟悉的部分。目前，專家學者還不能解釋爲什麼某些歌曲容易縈繞於心，有些則否。但是，每首歌曲都有獨特的旋律。一般來說，這些歌曲的旋律既簡單又歡樂。它們的歌詞淺顯易懂，又有諸多重複的地方。比如說，商業性質的廣告短歌，或是收音機裡有點吵雜的流行金曲。最近聆聽過或是不斷的聆聽一首歌曲，即使是一小段落，也會產生餘音繞樑的耳蟲現象。這樣的耳蟲現象也會跟單字、詞彙產生聯想，比方像是某些片語可能就跟某些歌詞相似。

take the form of 以…的形式呈現　　fragment〔'frægmənt〕*n.* 片段

rather than 而不是　　familiar〔fə'mɪljɚ〕*adj.* 熟悉的

upbeat〔'ʌp,bit〕*adj.* 令人樂觀的；快樂的

catchy〔'kætʃɪ〕*adj.*（曲調等）動聽而易記的

repetitive〔rɪˈpɛtətɪv〕*adj.* 反覆的；不斷重覆的
lyrics〔ˈlɪrɪks〕*n. pl.* 歌詞
commercial〔kəˈmɝʃəl〕*adj.* 商業廣告的　*n.* 商業廣告
jingle〔ˈdʒɪŋgl〕*n.* 叮噹聲；（電視等的）廣告歌曲
slightly〔ˈslaɪtlɪ〕*adv.* 稍微地　　annoying〔əˈnɔɪɪŋ〕*adj.* 令人心煩的
hit〔hɪt〕*n.* 成功而風行一時的事物　　recent〔ˈrisn̩t〕*adj.* 最近的
repeated〔rɪˈpitɪd〕*adj.* 反覆的　　exposure〔ɪkˈspoʒɚ〕*n.* 接觸 < *to* >
trigger〔ˈtrɪgɚ〕*v.* 引發　　association〔əˌsoʃɪˈeʃən〕*n.* 聯想
phrase〔frez〕*n.* 片語

　　While earworms might be annoying, most people who experience them nevertheless report that they are pleasant or at least neutral. Only a third of people are disturbed by the song in their heads. How people cope with their earworms seems to depend on how they feel about them. Those who have positive feelings about their stuck songs prefer to just "let them be," while those with negative feelings turn to more behavioral responses, which include coping strategies such as singing, talking, or even praying.

　　也許耳蟲現象會讓人心煩。然而有耳蟲經驗的人卻報導說：感覺很愉快，或至少是沒有任何影響。只有三分之一的人感到耳蟲打擾他們了。人們要如何處理耳蟲，這要看他們對耳蟲有什麼感覺。抱持著正面態度的人偏好讓耳蟲自由發揮。但是，對耳蟲抱持負面態度的人會有一些行為反應，像是唱歌、談話或甚至是禱告的應對策略。

nevertheless〔ˌnɛvɚðəˈlɛs〕*adv.* 然而
report〔rɪˈport〕*v.* 報告；描述
neutral〔ˈnjutrəl〕*adj.* 中立的；不顯著的　　***a third of*** 三分之一的
disturb〔dɪˈstɝb〕*v.* 打擾　　positive〔ˈpazətɪv〕*adj.* 正面的
negative〔ˈnɛgətɪv〕*adj.* 負面的　　***turn to*** 求助於
behavioral〔bɪˈhevjərəl〕*adj.* 行為的
response〔rɪˈspans〕*n.* 反應；回應　　cope〔kop〕*v.* 應付；處理
strategy〔ˈstrætədʒɪ〕*n.* 策略　　pray〔pre〕*v.* 祈禱

49. (**C**) 根據本文，下列何者有關耳蟲的敘述為真？
　　(A) 耳蟲是一種生存於耳朵裏頭的生物。
　　(B) 耳蟲是個人記憶旋律的方式。

(C) 耳蟲是一種在人類腦中不斷重複的旋律。

(D) 耳蟲是一則藉由歌詞讓人回憶起的廣告。

creature〔ˈkritʃɚ〕*n.* 生物

memorize〔ˈmɛmə͵raɪz〕*v.* 背誦；記憶　　recall〔rɪˈkɔl〕*v.* 回想

50. (**D**) 下列何者定義出現於第一段落的「主題」這個單字最為恰當？

(A) 一種心理疾病。　　　　　(B) 一堂正在被修習的課程。

(C) 一位實驗的參與者。　　　 (D) 一個被研究的事件。

define〔dɪˈfaɪn〕*v.* 為…下定義　　mental〔ˈmɛntl̩〕*adj.* 心理的

experiment〔ɪkˈspɛrəmənt〕*n.* 實驗

51. (**B**) 下列何項敘述並非文中所提及的耳蟲形成主因？

(A) 不斷聽到的旋律。　　　　(B) 有著輕柔節奏的旋律。

(C) 時常聽到的歌曲片段。　　 (D) 與某歌詞相似的字彙。

feature〔ˈfitʃɚ〕*n.* 特色　　encounter〔ɪnˈkaʊntɚ〕*v.* 遭遇

smooth〔smuð〕*adj.*（音樂）旋律悅耳的

52. (**B**) 第三段的主旨為何？

(A) 人們為什麼對耳蟲厭煩。　 (B) 人們如何對耳蟲做出反應。

(C) 人們用什麼撲殺耳蟲。　　 (D) 人們何時開始注意到耳蟲。

react〔rɪˈækt〕*v.* 反應　　notice〔ˈnotɪs〕*v.* 注意到

第 53 至 56 題為題組

Got a bug bite problem? Many people who are troubled by skin rashes caused by bug bites use "foggers," or "bug bombs," to get rid of the annoying crawlers in their homes. Many people think these bug killers or pesticides will penetrate every place where the insects hide. Actually, quite the opposite is true. Once the pests detect the chemical fog in the room, they'll hide themselves in walls or other hideaways, where you'll never be able to treat them effectively.

有蟲咬的問題嗎？很多受蟲咬皮膚起疹子困擾的人用噴霧劑或是殺蟲罐，來擺脫他們家裡惱人的爬行蟲子。很多人認為，這些殺蟲器或是殺蟲劑會滲透到所有蟲子躲藏的地方。事實上，是相反的。一旦蟲子發現到屋子裡有化學霧氣，牠們會把自己藏在你永遠無法有效地對付到牠的牆裡或是其它藏匿處。

rash〔ræʃ〕*n.* 疹子　　fogger〔'fɑgɚ〕*n.* 噴霧劑

bug bomb 殺蟲罐（一次使用一罐，按下後氣體從罐裡噴出，瀰漫
整間屋子）　　***get rid of*** 擺脫

annoying〔ə'nɔɪɪŋ〕*adj.* 惱人的

crawler〔'krɔlɚ〕*n.* 爬行物（指家裡的蟲子）

pesticide〔'pɛstɪ,saɪd〕*n.* 殺蟲劑

penetrate〔'pɛnə,tret〕*v.* 滲透；瀰漫　　opposite〔'ɑpəzɪt〕*n.* 相反

detect〔dɪ'tɛkt〕*v.* 發現；察覺　　hideaway〔'haɪdə,we〕*n.* 藏匿處

be able to 能夠　　effectively〔ə'fɛktɪvlɪ〕*adj.* 有效地

Ohio State University researchers tested three commercially sold foggers
in a study on the effect of foggers on bedbugs. After testing these brands on
five different groups of live bedbugs for two hours, the scientists saw that the
foggers had little—if any—effect on the insects. The researchers said bedbugs
hide in cracks and crevices such as under sheets and mattresses, or deep in
carpets where foggers won't reach. Moreover, bugs that do come in contact
with the mist may be resistant to the pesticide.

俄亥俄州立大學研究人員測試三款商業販售的噴霧劑對臭蟲的影響。用這些
牌子的噴霧劑在五組不同的活臭蟲測試了兩小時之後，科學家看到這些噴霧劑只
有少許的，如果有的話，對於這些蟲子的影響。研究人員表示這些臭蟲藏匿在裂
痕和裂縫中，像是床單和床墊底下，或是地毯深處，噴霧無法到達的地方。而且，
和噴霧有接觸的蟲子，可能對殺蟲劑有抵抗力。

commercial〔kə'mɝʃəl〕*adj.* 商業的　　bedbug〔'bɛd,bʌg〕*n.* 臭蟲

effect〔ə'fɛkt〕*n.* 效用；影響　　crack〔kræk〕*n.* 裂縫

crevice〔'krɛvɪs〕*n.* 裂縫　　sheet〔ʃit〕*n.* 床單

mattress〔'mætrɪs〕*n.* 床墊　　carpet〔'kɑrpɪt〕*n.* 地毯

mist〔mɪst〕*n.* 噴霧　　resistant〔rɪ'zɪstənt〕*v.* 抗…的；防…的

Foggers, or bug bombs, should really be a measure of last resort. First of
all, the gases used in bug bombs are highly flammable and thus pose a serious
risk of fire or explosion if the product is not used properly. Second, once a
bug bomb is used, every surface in your home will be covered with the toxic
pesticide. When you use a bug bomb, a chemical mixture rains down on your
counters, furniture, floors, and walls, leaving behind oily and toxic substances.

Your health might thus be endangered.　Therefore, it is suggested that people leave the problem to the professionals.

　　噴霧劑，或是殺蟲罐，應該是最後的手段（最後再用）。第一，殺蟲罐裡頭是高度可燃氣體，如果沒有妥善使用，會因此造成火災或者爆炸的嚴重風險。第二，一旦使用過殺蟲罐了，你家裡面的所有表面都會覆蓋有毒的殺蟲劑。當你使用殺蟲罐，化學混和物落在你的長桌、家具、地板，還有牆壁，留下油油的有毒的物質。你的健康可能因此受到危害。因此，建議民眾把這個問題交給專業人士。

measure〔'mɛʒɚ〕 n. 措施；方法　　　*last resort* 最後的手段
flammable〔'flæməbḷ〕 adj. 易燃的　　　thus〔ðʌs〕 adv. 如此；因此
pose〔poz〕 v. 造成；引起　　risk〔rɪsk〕 n. 危險；風險
surface〔'sɝfɪs〕 n. 表面　　　toxic〔'tɑksɪk〕 adj. 有毒的
chemical〔'kɛmɪkḷ〕 adj. 化學的　　mixture〔'mɪkstʃɚ〕 n. 混和物
rain down 降下；降落　　counter〔'kaʊntɚ〕 n. 櫃台式長桌
leave behind 留下痕跡　　oily〔'ɔɪlɪ〕 adj. 油污的
substance〔'sʌbstəns〕 n. 物質
endanger〔ɪn'dendʒɚ〕 v. 危及；危害
professional〔prə'fɛʃənḷ〕 n. 專家

53. (**C**) 這篇文章主旨為何？
　　(A) 擺脫臭蟲的步驟。　　　　　(B) 正確使用噴霧劑的方法。
　　(C) 無用的殺蟲罐。　　　　　　(D) 蟲子引起的問題。
　　ineffectiveness〔ˌɪnə'fɛktɪvnɪs〕 n. 不起作用；無效

54. (**B**) 臭蟲對噴霧劑的反應是什麼？
　　(A) 維持不動。　　　　　　　　(B) 躲到安全的地方。
　　(C) 停止咬人。　　　　　　　　(D) 逃到別的房子。
　　remain〔rɪ'men〕 v. 保持
　　motionless〔'moʃənlɪs〕 adj. 不動的
　　retreat〔rɪ'trit〕 v. 撤退；躲避　　escape〔ə'skep〕 v. 逃脫

55. (**A**) 根據本篇文章，哪一項對於噴霧劑的敘述為真？
　　(A) 會引起火災。　　　　　　　(B) 不會留在家具上。
　　(C) 會殺死大部分的昆蟲。　　　(D) 沒有含化學成分。
　　contain〔kən'ten〕 v. 包含

56. (**D**) 作者建議如何處理臭蟲問題？

    (A) 選擇正確的噴霧劑。   (B) 定期清理家裡。

    (C) 使用殺蟲劑時關門。   (D) <u>詢問蟲子控管專家。</u>

    regularly (ˈrɛgjələlɪ) *adj.* 有規律地；定期地

    consult (kənˈsʌlt) *v.* 商議；請教

    expert (ˈɛkspɝt) *n.* 專家

第貳部分：非選擇題

一、中譯英

1. 自 2007 年營運以來，高鐵（the High Speed Rail）已成為臺灣最便利、最快速的交通工具之一。

The High Speed Rail has become one of the most convenient and

$$\left\{ \begin{array}{l} \text{rapid} \\ \text{fastest} \\ \text{quickest} \end{array} \right\} \left\{ \begin{array}{l} \text{modes} \\ \text{means} \\ \text{forms} \end{array} \right\} \text{of} \left\{ \begin{array}{l} \text{tranportation} \\ \text{transport} \end{array} \right\} \text{in Taiwan since it}$$

began operation in 2007.

2. 對於強調職場效率的人而言，高鐵當然是商務旅行的首選。

As far as those who $\left\{ \begin{array}{l} \text{emphasize} \\ \text{stress} \end{array} \right\}$ efficiency in workplaces are

concerned, the High Speed Rail is $\left\{ \begin{array}{l} \text{surely} \\ \text{definitely} \\ \text{certainly} \\ \text{of course} \end{array} \right\}$ the top choice for

business trips.

二、英文作文：

Taiwan Pride

    I am proud of Taiwan's democratic society and strong family culture. All Taiwanese citizens enjoy free elections, the right to express opinions, and open discussions. We can voice concerns and openly debate many issues. This can be seen on television, in parks, and on social media. *Also*, we strongly value family ties. Our elderly neighbors and grandparents are respected and well cared for. Parents and teachers are obeyed and listened to. *And of course*, we also cherish our youth. *In general*, many families have three generations living together.

To introduce these two positive qualities to the world, I suggest that our government promote Taiwan tourism worldwide. *For example*, we can use outlets like social media, television commercials, even poster ads at international airports. Many people in other countries know little about Taiwan. Some confuse Taiwan with countries like Thailand. *Thus*, we must spend more money to raise awareness, and show our best aspects. Visiting Taiwan and safely traveling and meeting wonderful families can be a great experience. This tourism campaign must be aggressive, modern, and attractive. *In conclusion*, our beautiful country has much to offer. I am proud to live in Taiwan.

democratic〔͵dɛmə'krætɪk〕*adj.* 民主的
citizen〔'sɪtəzn̩〕*n.* 國民　　election〔ɪ'lɛkʃən〕*n.* 選舉
right〔raɪt〕*n.* 權利　　voice〔vɔɪs〕*v.* 說出；表達
debate〔dɪ'bet〕*v.* 辯論；討論　　issue〔'ɪʃju〕*n.* 議題
care for 照顧（= *take care of*）　　obey〔ə'be〕*v.* 服從；遵從
cherish〔'tʃɛrɪʃ〕*v.* 珍惜　　youth〔juθ〕*n.* 年輕人
in general 一般來說　　generation〔͵dʒɛnə'reʃən〕*n.* 世代

quality〔'kwɑlətɪ〕*n.* 特質　　promote〔prə'mot〕*v.* 推廣；宣傳
tourism〔'turɪzəm〕*n.* 旅遊
outlet〔'aʊt͵lɛt〕*n.* 出口；管道；途徑
commercial〔kə'mɝʃəl〕*n.* 廣告　　poster〔'postɚ〕*n.* 海報
confuse〔kən'fjuz〕*v.* 混淆　　raise〔rez〕*v.* 提高
awareness〔ə'wɛrnɪs〕*n.* 意識　　aspect〔'æspɛkt〕*n.* 方面；面向
campaign〔kæm'pen〕*n.* 活動
aggressive〔ə'grɛsɪv〕*adj.* 積極的

108 年學測英文科試題修正意見

題　號	修　正　意　見
第 3 題	(D) predicted（預測）是最好的答案，但 (A) conveyed（傳達）也沒錯。
第 5 題	Many people were happy that the government had finally <u>declared</u> Children's Day *as a national holiday*. → Many people were happy that the government had finally <u>declared</u> Children's Day *a national holiday*. ＊declare 的用法為：「declare ＋受詞＋補語」，表「宣布…為～」，不須加介系詞 as。
第 7 題	Silence in some *way* is as <u>expressive</u> as speech. → Silence in some *ways* is as <u>expressive</u> as speech. ＊依句意，應是在「某些」方面，而不是「某個」方面，故 way 應改成 ways。
第 15 題	The *young* generation .... → The *younger* generation .... ＊改成 younger 較好。
第 16～20 題 第三段第 4 行	... were experiencing *a spaghetti crop* and showed .... → ...were experiencing *an excellent spaghetti crop* and showed .... ＊加形容詞較好。
第 26～30 題 第一段第 3 行 第一段第 5 行 第一段第 6 行 第二段第 3 行	As the *wearer brings* the food to their *mouth*, the camera .... → As the *wearers bring* the food to their *mouths*, the camera .... of their *hand* remains .... → ... of their *hands* remains .... Their *brain is* .... → Their *brains are* .... ＊單數名詞須改成複數名詞，才會前後一致。 ... *one's favorite flavor*. → ... *the aroma of one's favorite food*. 或 *the smell of one's favorite food*. ＊依句意，應該是聞到的「香味」(aroma) 或「氣味」(smell)，而不是嚐到的「口味」(flavor)。

第 31～40 題 最後一行	… would never forget: *showing up* for dinner on time. → … would never forget: ***to show up*** for dinner on time. * forget 後接動名詞 V-ing 表「忘記做過…」(動作已完成)，接不定詞 to V.，表「忘記去做…」(動作未完成)，依句意，應是「不會忘記要出現吃晚餐」，而不是「不會忘記出現過吃晚餐」，故用不定詞。
第 41～44 題 第一段第 1 行 第一段第 2 行	Angelfish, often found in *the warm seas and coral reefs*, …. → Angelfish, often found in ***warm seas near coral reefs***,…. * 沒有指特定的海域，不須加定冠詞 the，並須將 and 改成 near 較合句意。 … patterns on their *body*. → … patterns on their ***bodies***. * 依句意，應用複數形 bodies。
第 45～48 題 第二段第 1 行	*The totem pole* can be grouped into specific categories, depending on *its* location and the occasion for which *it was* carved. → ***Totem poles*** can be grouped into specific categories, depending on ***their*** location and the occasion for which ***they were*** carved. * 改成複數形較符合句意。
第 49～52 題 第一段第 2 行	The interesting phenomenon *becomes* a subject…. → The interesting phenomenon ***has become*** a subject…. * 依句意，應用完成式。
第 56 題	What does the author advise people *to do with bedbug problems*? → What does the author advise people ***with bedbug problems to do***? * to do 應該放句尾才合乎句意。

108 年學測英文科試題出題來源

題　　號	出　　　　　　　　　處
一、詞彙 第 1～15 題	所有各題對錯答案的選項，均出自大考中心編製的「高中常用 7000 字」。
二、綜合測驗 第 16～20 題	改寫自 April Fools' Day: Origin and History（愚人節：起源與歷史），描述愚人節可能的由來，以及現代人如何慶祝愚人節。
第 21～25 題	改寫自 Piñatex, the eco-friendly leather from pineapple leaves（Piñatex，一種用鳳梨葉製成的環保皮革），介紹一位西班牙設計師在菲律賓獲得的靈感，利用鳳梨的葉子，製造出較不會污染環境的合成皮革。
第 26～30 題	改寫自 Japan "diet glasses" fool wearers into eating less（日本的「減肥眼鏡」能騙配戴者少吃一點），描述日本的研究人員，發明出一種能欺騙人類的視覺與嗅覺的眼鏡，使配戴者達成減重的目標。
四、閱讀測驗 第 41～44 題	改寫自 The Fish Which Changes From Female to Male（會由雌性變雄性的魚），描述 angelfish（天使魚）能變性的特色。
第 45～48 題	改寫自 Totem Pole（圖騰柱）一文，敘述北美洲原住民所雕刻的圖騰柱的類別，以及所代表的意義。
第 49～52 題	改寫自 Earworms: Why songs get stuck in our heads（耳蟲現象：為何歌曲會在我們的腦海中揮之不去）一文，說明音樂有餘音繚繞的特性，它的旋律會在我們的腦海中不斷重現。
第 53～56 題	改寫自 Foggers Ineffective, Study Says（研究指出，噴霧劑無效）一文，描述我們常用的噴霧劑與殺蟲罐，其實對於消滅害蟲的效果不如預期。

【108 年學測】綜合測驗：16-20 出題來源

——https://www.infoplease.com/calendar-holidays/
major-holidays/april-fools-day-origin-and-history

April Fools' Day: Origin and History

The uncertain origins of a foolish day

by David Johnson and Shmuel Ross

April Fools' Day, sometimes called All Fools' Day, is one of the most light-hearted days of the year. Its origins are uncertain. Some see it as a celebration related to the turn of the seasons, while others believe it stems from the adoption of a new calendar.

New Year's Day Moves

Ancient cultures, including those of the Romans and Hindus, celebrated New Year's Day on or around April 1. It closely follows the vernal equinox (March 20th or March 21st.) In medieval times, much of Europe celebrated March 25, the Feast of Annunciation, as the beginning of the new year.

In 1582, Pope Gregory XIII ordered a new calendar (the Gregorian Calendar) to replace the old Julian Calendar. The new calendar called for New Year's Day to be celebrated Jan. 1. That year, France adopted the reformed calendar and shifted New Year's day to Jan. 1. According to a popular explanation, many people either refused to accept the new date, or did not learn about it, and continued to celebrate New Year's Day on April 1. Other people began to make fun of these traditionalists, sending them on "fool's errands" or trying to trick them into believing something false. Eventually, the practice spread throughout Europe.

⋮

Observances Around the World

April Fools' Day is observed throughout the Western world. Practices include sending someone on a "fool's errand," looking for things that don't exist; playing pranks; and trying to get people to believe ridiculous things.

The French call April 1 *Poisson d'Avril*, or "April Fish." French children sometimes tape a picture of a fish on the back of their schoolmates, crying "Poisson d'Avril" when the prank is discovered.

【108 年學測】綜合測驗：21-25 出題來源
　　——https://www.lifegate.com/people/lifestyle/pinatex-eco-leather-pineapple

Piñatex, the eco-friendly leather from pineapple leaves

Published on 18 SEP 2015

by CHIARA RICCIO

LEGGI L'ARTICOLO IN ITALIANO

A Spanish entrepreneur discovered that it is possible to create a 100 percent natural fabric from pineapple leaves that can replace leather. Ethical and environmental issues in the textile industry are among the most delicate topics nowadays. Researching alternative materials to the animal-derived ones has become a necessity because of the increasing difficulty of sourcing hides.

After the launch into the marketplace of synthetic leather, whose production involves the use of toxic substances for the environment, the real revolution came from Spanish designer, Carmen Hijosa, who patented a new type of fabric obtained from the fibers of the pineapple leaves.

The idea was born out of a business trip by the designer to the Philippines, where, after seeing how tanneries worked, she came to the decision to develop a sustainable material as suitable as leather for creating bags, shoes and other textile products. However, the inspiration came only after she observed the barong talong, a traditional Filipino shirt woven together with the fibers of pineapple leaves.

After five years of research conducted in Spain and the UK, she created **Piñatex**, a material derived from pineapple leaves (one square metre requires about 480 fibers) that doesn't need weaving. It's an entirely eco-friendly and biodegradable fiber, since it is sourced from fruit wastes that don't require more water or fertilisers and, in addition, it can be used as compost at the time of its disposal.

Thanks to its low cost (about 23 euros per square metre versus 25-38 euros for leather), this innovative material is already employed by many companies, including Puma and Camper, that have developed prototypes of shoes, bags, hats, smartphone accessories, car seats and pieces of furniture.

Translated by FRANCESCA CLEMENTE

【108 年學測】綜合測驗：26-30 出題來源

——https://phys.org/news/2012-06-japan-diet-glasses-wearers.html

Japan 'diet glasses' fool wearers into eating less

June 4, 2012 by Miwa Suzuki

Goggles that trick the wearer into thinking the plain snack in their hand is a chocolate cookie, or make biscuits appear larger have been unveiled in Japan, offering hope to weak-willed dieters everywhere.

Researchers at the University of Tokyo have developed devices that use computer wizardry and augmented reality to fool the senses and make users feel more satisfied with smaller—or less appealing—treats.

On one device goggle-mounted cameras send images to a computer, which magnifies the apparent size of the cookie in the image it displays to the wearer while keeping his hand the same size, making the snack appear larger than it actually is.

In experiments, volunteers consumed nearly 10 percent less when the biscuits they were eating appeared 50 percent bigger.

They ate 15 percent more when cookies were manipulated to look two-thirds of their real size.

Professor Michitaka Hirose at the university's graduate school of information science and technology said he was interested in how computers can be used to trick the human mind. "How to fool various senses or how to build on them using computers is very important in the study of virtual reality," he told AFP.

Hirose said standard virtual reality equipment that attempts to cater to complex senses like touch often results in bulky equipment.

But he said using one or more senses to fool the others was a way around this problem.

"Reality is in your mind," he said.

In another project, Hirose's team developed a "meta cookie", where the headgear uses scent bottles and visual trickery to fool the wearers into thinking the snack they are eating is anything but a plain biscuit. Users can set the device to their favourite taste so they think they are eating a chocolate or strawberry-flavoured cookie.

Hirose says experiments so far have shown 80 percent of subjects are fooled. The team has no plans as yet to commercialise their invention, but would like to investigate whether people wanting to lose weight can use the device.

⋮

【108 年學測】閱讀測驗：41-44 出題來源

——https://www.pitara.com/science-for-kids/planet-earth-for-kids/
the-fish-which-changes-from-female-to-male/

The Fish Which Changes From Female to Male

By Geetika Anand

There is a fish called the blackspot angelfish, which can change from female to male. No, it cannot do it by simply wishing to become male. The change happens for a specific reason.

The angelfish live in groups. And each group has one male fish, which is blue in colour, and four female fish, which are yellow in colour. The male angelfish is the strongest and largest member of the group. He is the one who protects and looks after the females and acts like their 'security guard'. When the male dies, the group needs a 'security guard'. This is when the largest female fish in the group begins to change its appearance.

She begins to grow larger in size. After a week, she starts changing colour, from yellow to blue. Slowly, her behaviour towards the females changes. She begins behaving like a male. Two weeks later, black stripes appear on her body. This indicates that the gender change is complete. She is now completely male!

This process of changing gender is called hermaphroditism. Another interesting fact about angelfish is that they have an occupation in the fish world. Most of them act as 'cleaners' for other fish. They pick parasites and dead tissue from the body of other fish.

The angelfish are among the most brightly coloured fish of the sea. You can also see them in home aquaria. People prefer to keep them because of the interesting patterns on them. These patterns help them to hide from predators. Often, the young ones are differently coloured than the adults.

At night, when these fish become inactive, their colours may change. Among the better-known species are the black and gold angelfish of the Indo-Pacific, the French angelfish, Pomacanthus paru (or P. arcuatus), a black and yellow species of the Atlantic, and the queen angelfish (Holacanthus ciliaris), a blue and yellow fish of the Atlantic.

They can be found in the fresh water of South America, in warm seas and near coral reefs, and can grow up to a length of 17 inches. They usually swim singly or in pairs. They have thinly compressed bodies and a strong spine located in the lower part of the cheekbone. Their diet consists maily of sponge and algae.

⋮

【108 年學測】閱讀測驗：45-48 出題來源

——https://www.thecanadianencyclopedia.ca/en/article/totem-pole

Totem Pole

Article by   René R. Gadacz
Updated by   Zach Parrott, Michelle Filice

⋮

What's a Totem Pole?

A totem pole, or monumental pole, is a tall structure created by Northwest Coast Indigenous peoples that showcases a nation's, family's or individual's history and displays their rights to certain territories, songs, dances and other aspects of their culture. Totem poles can also be used as memorials and to tell stories. Carved of large, straight red cedar and painted vibrant colours, the totem pole is representative of both coastal Indigenous culture and Northwest Coast Indigenous Art.

History of Totem Poles in Canada

Archeological evidence suggests that the northern peoples of the West Coast were among the first to create totem poles before the arrival of Europeans.

⋮

Totem Pole Designs and Meanings

Different First Nations have their own methods of designing and carving totem poles. The Haida, for example, are known to carve creatures with bold eyes, whereas the Kwakwaka'wakw poles typically have narrow eyes. The Coast Salish tend to carve representations of people on their house posts, whereas the Tsimshian and Nuxalk tend to carve supernatural beings on their poles.

⋮

The cultural appropriation of totem poles by Europeans over the years has created and popularized the false idea that poles display social hierarchy, with the chief at the top and the commoners at the bottom. In fact, depictions of people are not usually found at the top of a totem pole and in some cases, the most important figure or crest is at the bottom. Totem poles do not depict a nation's social organization in a top-down method; rather, they tell a story about a particular nation or person's beliefs, family history and cultural identity.

Types of Totem Poles

There are various types of poles, each with its own purpose and function. Some, for example, are specific to death and burial practices.

Memorial poles are erected in memory of a deceased chief or high-ranking member. The poles depict the member's accomplishments or family history. Mortuary poles also honour the deceased. Haida mortuary poles include a box at the top where the ashes of the chief or high-ranking member are placed.

Some poles are used to depict families and lineages. House posts, placed along the rear or front walls of a house, are poles that, on the one hand, help to support the roof beams and, on the other hand, tell about family lineages. Similarly, house front or portal poles are monuments at the entrance of a home that describe family history.

Welcoming poles do what their name suggests—welcome visitors. First Nations sometimes erect poles as a means of greeting important arriving guests during a feast or potlatch.

⋮

In a sense, this allows the ancestors, speaking through the appointed speaker, to also welcome the guests.

Legacy poles commemorate important and historic events. In 2013, the Haida erected a legacy pole as a way of commemorating the signing of the Gwaii Haanas Agreement (1993), a groundbreaking document between the Haida and the Government of Canada that sets out the government-to-government and management relationship for Gwaii Haanas.

⋮

Poles can also be used as a means of healing and education. Artist Charles Joseph's totem pole, erected on 3 May 2017 in Montréal, serves as a reminder of the residential school system. A residential school survivor, Joseph wanted to express his emotions about those painful years, while also working towards reconciliation. Similarly, artist and residential school survivor Isadore Charters has shared his personal story with young people through a totem pole project. Charters carved a healing pole that tells about his eight-year experience at a Kamloops residential school. The pole is also intended to foster healing.

Shame poles or ridicule poles are less common elements of the tradition, but traditionally were used to mock and criticize neighbours for being insulting, offensive or for not paying back debts. These poles were also used by chiefs to belittle their political rivals. Contemporary communities may use similar tactics now in protesting external— government or corporate—entities.

⋮

Significance

Totem poles are important expressions of specific Indigenous cultures along the Northwest Coast. Despite the threats posed by cultural, political and territorial encroachment, the art of totem pole carving has survived. While the totem pole has been used wrongly as a generic symbol of Canadian identity over the years, it is important to understand that these sacred monuments are specific to certain First Nations, and therefore carry deep meaning for those peoples and their ancestors.

【108 年學測】閱讀測驗：49-52 出題來源

——https://www.bbc.com/news/magazine-17105759

Earworms: Why songs get stuck in our heads

By Rhitu ChatterjeePRI's The World

7 March, 2012

Music has a tendency to get stuck in our heads. You know the experience—a tune intrudes on your thoughts and plays, and replays, in a never-ending loop. It happened recently to me. So, as a science reporter, I thought I'd try to find out why.

⋮

Earworm offenders

- Vicky Williamson nominates: Lady Gaga, Queen, Abba, Kylie, Beyonce, Adele, Europe, Coldplay, Elbow, Johnny Cash

- The World newsroom nominates: Marcy Playground's Sex and Candy, Nothing but the Music by the Backstreet Boys, The Sound of Music, Popcorn by Hot Butter, Rump Shaker by Wreckx-N-Effect

---

Listen to staff of The World reveal their own personal earworm problems

One unsurprising finding was that if you hear a song repeatedly, you're more likely to get stuck with it. But sometimes songs pop into our heads even when we haven't heard them for a long time. In this case, something in our current environment may trigger the memory.

⋮

Another trigger she identified was stress.

One woman in Williamson's online survey said a song—Nathan Jones, by Bananarama—first got stuck in her head when she was 16 and taking a big exam.

"She now gets that song at every single moment of stress in her life," says Williamson. "Wedding, childbirth, everything."

⋮

Other experts suggest music may get lodged in our heads because of the way humans evolved.

"For a very long period of time, we needed to remember information," says Daniel Levitin of McGill University in Montreal, an expert in the neuroscience of music, "information like where the well is, or which foods are poisonous and which aren't, and how to care for wounds so they won't become infected." Modern humans have been around for some 200,000 years, but written language may have been invented only around 5,000 years ago, Levitin says. So through much of human history people memorised important information through songs.

Earworm 'triggers'

- Recent music exposure
- Repeated music exposure
- Word triggers (see Faith shoebox example)
- People triggers (where sight or memory of a person is associated with a song)

- Situation trigger (eg weddings can cause you to remember your own first dance song)
- Stress
- Surprise
- Dreams
- Mind wandering

Source: Vicky Williamson

That practice continues today in cultures with strong oral traditions. Levitin says the combination of rhythm, rhyme, and melody provides reinforcing cues that make songs easier to remember than words alone. He says the main question people ask him about earworms is: "How do we turn them off?"

Levitin offers a piece of advice. "Just think of another song and hope that'll push out the first one."

Dr. Vicky Williamson is currently trying to find the best "cures" for earworms. She says the structure of one tune may have a bearing on whether it's useful in displacing another.

She's also looking at whether everyday strategies help, like going for a run or doing a crossword.

Both Levitin and Williamson agree that getting an unwanted tune out of your head is a relief. But of course the song that cures you might just end up being the next one that gets stuck.

⋮

【108 年學測】閱讀測驗：53-56 出題來源

——https://www.creaturecontrol.net/foggers-ineffective-study-says/

POSTED ON JUNE 8, 2012

Foggers Ineffective, Study Says

We frequently get calls from people with severe insect infestations.

A serious problem with cockroaches, bed bugs or carpenter ants can be very alarming; people with such infestations typically are willing to try anything in order to get rid of the problem. Often times they resort to over the counter "bug bombs" or "foggers" that are inexpensive and promise big results. But there has always been a lot of controversy around these bug bombs and foggers–are bug bombs and foggers effective? In our experience, they are not, and we have always told customers so.

⋮

Ohio State University researchers tested three commercially sold foggers, Hot Shot, Spectracide, and Eliminator for the study, published in the June 3 issue of the Journal of Economic Entomology. After testing the brands on five different groups of live bedbugs for two hours, the scientists saw the foggers had little if any effect on the insects. Susan Jones, an urban entomologist with the Ohio State University's Ohio Agricultural Research and Development Center, said in a news release. "If you use these products, you will not get the infestation under control, you will waste your money, and you will delay effective treatment of your infestation." The study finds foggers ineffective.

The issue is that a bed bug infestation (or carpenter ants, or cock roaches) is something that requires a highly individualized treatment. Bed bugs can hide in a variety of locations: in dresser drawers, behind picture frames, in cracks and crevices, behind moulding, or deep in the carpet. A fogger is simply not able to reach into all these places. In fact, foggers tend to make the problem worse by scattering the insects throughout the home. Fogging and fumigating are very outdated methods for getting rid of infestations; most pest control companies have abandoned fumigation in favor of more targeted approaches (the only exception would be fleas, which are still bombed occasionally).

⋮

Creature Control's pest control services are all based on the principles of IPM. When dealing with cockroaches, carpenter ants or bed bugs, it's best to leave it to the pros.

108 年大學入學學科能力測驗試題
數學考科

第壹部分：選擇題（占 65 分）

一、單選題（占 30 分）

說明：第 1 題至第 6 題，每題有 5 個選項，其中只有一個是正確或最
適當的選項，請畫記在答案卡之「選擇（填）題答案區」。各
題答對者，得 5 分；答錯、未作答或畫記多於一個選項者，該
題以零分計算。

1. 點 $A(1,0)$ 在單位圓 $\Gamma : x^2 + y^2 = 1$ 上。試問：Γ 上除了 A 點以外，
   還有幾個點到直線 $L : y = 2x$ 的 距離，等 於 A 點到 L 的距離？

   (1) 1 個　　　(2) 2 個　　　(3) 3 個　　　(4) 4 個　　　(5) 0 個

2. 下列哪一個選項是方程式 $x^3 - x^2 + 4x - 4 = 0$ 的解？（註：$i = \sqrt{-1}$）

   (1) $-2i$　　　(2) $-i$　　　(3) i　　　(4) 2　　　(5) 4

3. 試問共有多少組正整數 (k, m, n) 滿足 $2^k 4^m 8^n = 512$ ？

   (1) 1 組　　　(2) 2 組　　　(3) 3 組　　　(4) 4 組　　　(5) 0 組

4. 廚師買了豬、雞、牛三種肉類食材以及白菜、豆腐、香菇三種素
   類食材。若廚師想用完這六種食材作三道菜，每道菜可以只用一
   種食材或用多種食材，但每種食材只能使用一次，且每道菜一定
   要有肉，試問食材的分配共有幾種方法？

   (1) 3　　　(2) 6　　　(3) 9　　　(4) 18　　　(5) 27

5. 設正實數 b 滿足 $(\log 100)(\log b) + \log 100 + \log b = 7$。試選出正確的選項。

⑴ $1 \le b \le \sqrt{10}$

⑵ $\sqrt{10} \le b \le 10$

⑶ $10 \le b \le 10\sqrt{10}$

⑷ $10\sqrt{10} \le b \le 100$

⑸ $100 \le b \le 100\sqrt{10}$

6. 某超商依據過去的銷售紀錄，冬天平均氣溫在 6℃ 到 24℃ 時，每日平均售出的咖啡數量與當天的平均氣溫之相關係數為 –0.99，部分紀錄如下表。

平均氣溫（℃）	11	13	15	17	19	21
平均售出量（杯）	512	437	361	279	203	135

某日平均氣溫為 8℃，依據上述資訊推測，試問該日賣出的咖啡數量應接近下列哪一個選項？

⑴ 570 杯　　　　　⑵ 625 杯　　　　　⑶ 700 杯

⑷ 755 杯　　　　　⑸ 800 杯

二、多選題（占 35 分）

說明：第 7 題至第 13 題，每題有 5 個選項，其中至少有一個是正確的選項，請將正確選項畫記在答案卡之「選擇（填）題答案區」。各題之選項獨立判定，所有選項均答對者，得 5 分；答錯 1 個選項者，得 3 分；答錯 2 個選項者，得 1 分；答錯多於 2 個選項或所有選項均未作答者，該題以零分計算。

7. 設各項都是實數的等差數列 $a_1, a_2, a_3, \cdots$ 之公差為正實數 α。試選出正確的選項。

(1) 若 $b_n = -a_n$，則 $b_1 > b_2 > b_3 > \cdots$

(2) 若 $c_n = a_n^2$，則 $c_1 < c_2 < c_3 < \cdots$

(3) 若 $d_n = a_n + a_{n+1}$，則 $d_1, d_2, d_3, \cdots$ 是公差為 α 的等差數列

(4) 若 $e_n = a_n + n$，則 $e_1, e_2, e_3, \cdots$ 是公差為 $\alpha + 1$ 的等差數列

(5) 若 f_n 為 $a_1, a_2, \cdots, a_n$ 的算術平均數，則 $f_1, f_2, f_3, \cdots$ 是公差為 α 的等差數列

8. 在數線上，甲從點 -8 開始做等速運動，同時乙也從點 10 開始做等速運動，乙移動的速率是甲的 a 倍，且 $a > 1$。試選出正確的選項。

(1) 若甲朝負向移動而乙朝正向移動，則他們會相遇

(2) 若甲朝負向移動且乙朝負向移動，則他們不會相遇

(3) 若甲朝正向移動而乙朝負向移動，則乙先到達原點 0

(4) 若甲朝正向移動且乙朝正向移動，則他們之間的距離會越來越大

(5) 若甲朝正向移動而乙朝負向移動，且他們在點 -2 相遇，則 $a = 2$

9. 從 $1, 2, 3, 4, 5, 6, 7$ 這七個數字中隨機任取兩數。試選出正確的選項。

(1) 其和大於 10 的機率為 $\dfrac{1}{7}$

(2) 其和小於 5 的機率為 $\dfrac{1}{7}$

(3) 其和為奇數的機率為 $\dfrac{4}{7}$

(4) 其差為偶數的機率為 $\dfrac{5}{7}$

(5) 其積為奇數的機率為 $\dfrac{2}{7}$

10. 在 $\triangle ABC$ 中，已知 $50° \leq \angle A < \angle B \leq 60°$。試選出正確的選項。

⑴ $\sin A < \sin B$　　⑵ $\sin B < \sin C$　　⑶ $\cos A < \cos B$

⑷ $\sin C < \cos C$　　⑸ $\overline{AB} < \overline{BC}$

11. 某地區衛生機構成功訪問了 500 人，其中年齡爲 50–59 歲及60 歲
（含）以上者分別有 220 名及 280 名。這 500 名受訪者中，120 名
曾做過大腸癌篩檢，其中有 75 名是在一年之前做的，有 45 名是
在一年之內做的。已知受訪者中，60 歲（含）以上者曾做過大腸
癌篩檢比率是 50–59 歲者曾做過大腸癌篩檢比率的 3.5 倍。試選出
正確的選項。

⑴ 受訪者中年齡爲 60 歲（含）以上者超過 60%

⑵ 由受訪者中隨機抽取兩人，此兩人的年齡皆落在 50–59 歲間的
機率大於 0.25

⑶ 由曾做過大腸癌篩檢的受訪者中隨機抽取兩人，其中一人在一
年之內受檢而另一人在一年之前受檢的機率爲 $2 \cdot \left(\dfrac{45}{120} \right) \left(\dfrac{75}{119} \right)$

⑷ 這 500 名受訪者中，未曾做過大腸癌篩檢的比率低於 75%

⑸ 受訪者中 60 歲（含）以上者，曾做過大腸癌篩檢的人數超過
90 名

12. 設 $f_1(x), f_2(x)$ 爲實係數三次多項式，$g(x)$ 爲實係數二次多項式。已
知 $f_1(x), f_2(x)$ 除以 $g(x)$ 的餘式分別爲 $r_1(x), r_2(x)$。試選出正確的選
項。

⑴ $-f_1(x)$ 除以 $g(x)$ 的餘式爲 $-r_1(x)$

⑵ $f_1(x) + f_2(x)$ 除以 $g(x)$ 的餘式爲 $r_1(x) + r_2(x)$

(3) $f_1(x) f_2(x)$ 除以 $g(x)$ 的餘式為 $r_1(x) r_2(x)$

(4) $f_1(x)$ 除以 $-3g(x)$ 的餘式為 $\dfrac{-1}{3} r_1(x)$

(5) $f_1(x) r_2(x) - f_2(x) r_1(x)$ 可被 $g(x)$ 整除

13. 坐標空間中有一平面 P 過 $(0,0,0)$, $(1,2,3)$ 及 $(-1,2,3)$ 三點。試選出正確的選項。

(1) 向量 $(0,3,2)$ 與平面 P 垂直　　(2) 平面 P 與 xy 平面垂直

(3) 點 $(0,4,6)$ 在平面 P 上　　(4) 平面 P 包含 x 軸

(5) 點 $(1,1,1)$ 到平面 P 的距離是 1

第貳部分：選填題（占 35 分）

說明：1. 第 A 至 G 題，將答案畫記在答案卡之「選擇（填）題答案區」所標示的列號（14–30）。

　　　2. 每題完全答對給 5 分，答錯不倒扣，未完全答對不給分。

A. 設 x, y 為實數，且滿足 $\begin{bmatrix} 3 & -1 & 3 \\ 2 & 4 & -1 \end{bmatrix} \begin{bmatrix} x \\ y \\ 1 \end{bmatrix} = \begin{bmatrix} 6 \\ -6 \end{bmatrix}$，

則 $x + 3y = $ ⑭⑮ 。

B. 如圖（此為示意圖），A, B, C, D 是橢圓 $\dfrac{x^2}{a^2} + \dfrac{y^2}{16} = 1$ 的頂點。若四邊形 $ABCD$ 的

面積為 58，則 $a = \dfrac{⑯⑰}{⑱}$。（化成最簡分數）

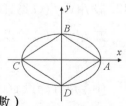

C. 某高中已有一個長 90 公尺、寬 60 公尺的足球練習場。若想要在足球練習場的外圍鋪設內圈總長度為 400 公尺的跑道，跑道規格為左右兩側各是直徑相同的半圓，而中間是上下各一條的直線跑道，直線跑道與足球練習場的長邊平行（如示意圖）。則圖中一條直線跑道 $\overline{AB}$ 長度的最大可能整數值為 ⑲⑳㉑ 公尺。

D. 某次選舉中進行甲、乙、丙三項公投案，每項公投案一張選票，投票人可選擇領或不領。投票結束後清點某投票所的選票，發現甲案有 765 人領票、乙案有 537 人領票、丙案有 648 人領票，同時領甲、乙、丙三案公投票的有 224 人，並且每個人都至少領了兩張公投票。根據以上資訊，可知同時領甲、乙兩案但沒有領丙案公投票者共有 ㉒㉓㉔ 人。

E. 如圖（此為示意圖），在 $\triangle ABC$ 中，$\overline{AD}$ 交 $\overline{BC}$ 於 D 點，$\overline{BE}$ 交 $\overline{AD}$ 於 E 點，且 $\angle ACB = 30°$，$\angle EDB = 60°$，$\angle AEB = 120°$。若 $\overline{CD} = 15$，$\overline{ED} = 7$，則 $\overline{AB} =$ ㉕㉖ 。

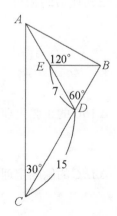

F. 坐標空間中，考慮有一個頂點在平面 $z = 0$ 上、且有另一個頂點在平面 $z = 6$ 上的正立方體。則滿足前述條件的正立方體之邊長最小可能值為 __㉗__ $\sqrt{ }$ __㉘__ 公分。(化成最簡根式)

G. 如圖 (此為示意圖)，A, B, C, D 為平面上的四個點。已知 $\overrightarrow{BC} = \overrightarrow{AB} + \overrightarrow{AD}$，$\overrightarrow{AC}$、$\overrightarrow{BD}$ 兩向量等長且互相垂直，則 $\tan \angle BAD =$ __㉙㉚__ 。

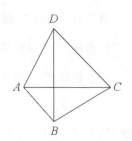

參考公式及可能用到的數值

1. 首項為 a，公差為 d 的等差數列前 n 項之和為 $S = \dfrac{n(2a + (n-1)d)}{2}$

   首項為 a，公比為 r $(r \neq 1)$ 的等比數列前 n 項之和為 $S = \dfrac{a(1 - r^n)}{1 - r}$

2. 三角函數的和角公式： $\sin(A + B) = \sin A \cos B + \cos A \sin B$

   $\cos(A + B) = \cos A \cos B - \sin A \sin B$

   $\tan(A + B) = \dfrac{\tan A + \tan B}{1 - \tan A \tan B}$

3. $\triangle ABC$ 的正弦定理： $\dfrac{a}{\sin A} = \dfrac{b}{\sin B} = \dfrac{c}{\sin C} = 2R$

   (R 為 $\triangle ABC$ 外接圓半徑)

   $\triangle ABC$ 的餘弦定理： $c^2 = a^2 + b^2 - 2ab \cos C$

4. 一維數據 $X : x_1, x_2, \ldots, x_n$，

算術平均數 $\mu_X = \dfrac{1}{n}(x_1 + x_2 + \cdots + x_n) = \dfrac{1}{n}\sum_{i=1}^{n} x_i$

標準差 $\sigma_X = \sqrt{\dfrac{1}{n}\sum_{i=1}^{n}(x_i - \mu_X)^2} = \sqrt{\dfrac{1}{n}((\sum_{i=1}^{n} x_i^2) - n\mu_X^{\,2})}$

5. 二維數據 $(X, Y) : (x_1, y_1), (x_2, y_2), \ldots, (x_n, y_n)$，

相關係數 $r_{X,Y} = \dfrac{\sum\limits_{i=1}^{n}(x_i - \mu_X)(y_i - \mu_Y)}{n\sigma_X \sigma_Y}$

迴歸直線（最適合直線）方程式 $y - \mu_Y = r_{X,Y} = \dfrac{\sigma_Y}{\sigma_X}(x - \mu_X)$

6. 參考數值：$\sqrt{2} \approx 1.414$，$\sqrt{3} \approx 1.732$，$\sqrt{5} \approx 2.236$，$\sqrt{6} \approx 2.449$，

$\pi \approx 3.142$

7. 對數值：$\log_{10} 2 \approx 0.3010$，$\log_{10} 3 \approx 0.4771$，$\log_{10} 5 \approx 0.6990$，

$\log_{10} 7 \approx 0.8451$

8. 角錐體積 $= \dfrac{1}{3}$ 底面積 × 高

108年度學科能力測驗數學科試題詳解

第壹部分：選擇題

一、單選擇

1. 【答案】(3)

   【解析】

   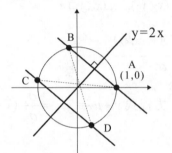

   （∵ $y = 2x$ 為對稱軸）
   ①垂直找到 B
   ②對稱找 C、D
   3 個
   選 (3)

2. 【答案】(1)

   【解析】牛頓因式 $\dfrac{\pm 1 \cdot 2 \cdot 4}{\pm 1}$ ⇒ 找到因式 $(x - 1)$

   $(x - 1)(x^2 + 4)$

   $$\begin{array}{rrrr|r} 1 & -1 & 4 & -4 & 1 \\ & 1 & 0 & 4 & \\ \hline 1 & 0 & 4 & 0 \end{array}$$

   公式解　$x = \dfrac{\pm\sqrt{-16}}{2} = \pm 2i$

   $x = 1,$ or $\pm 2i$

   選 (1)

3. 【答案】(3)

   【解析】$2^{k + 2m + 3n} = 2^9$

   $k + 2m + 3n = 9$　　又 (k, m, n) 為正整數

k	1	4	2
m	1	1	2
n	2	1	1

3 組

選 (3)

4. 【答案】(5)

　　【解析】食材必選不重覆，且每道只有一肉

$$\underline{3^3 = 27}$$

選 (5)

5. 【答案】(4)

　　【解析】$(\log 100)(\log b) + \log 100 + \log b = 7$

$\Rightarrow (\log 100 + 1)(\log b + 1) = 8$

$\Rightarrow \log b + 1 = \dfrac{8}{3}$

$\log b = \dfrac{5}{3}$　　$\log b = 10^{\frac{5}{3}}$

選 (4)

6. 【答案】(2)

　　【解析】$r = -0.99 \approx -1$

$-2℃$ 約增加 75 杯

℃　℃　杯　杯

$11 \to 8 \Rightarrow 512 \to 622....$

選 (2)

二、多選題

7. 【答案】(1) (4)

【解析】 $\bigcirc$(1) ex: 1　　2　　3　　4　　…

　　　　　　　　　a_1　a_2　a_3　a_4

　　　　　$\Rightarrow b_1 = -1 \cdot b_2 = -2 \cdot b_3 = -3 \cdot b_4 = -4$

　　　　　$\Rightarrow b_1 > b_2 > b_3 > b_4$

　　$\times$(2)　$\left. \begin{aligned} c_1 &= a_1{}^2 = 1 \\ c_2 &= a_2{}^2 = 4 \\ c_3 &= a_3{}^2 = 9 \end{aligned} \right\}$　$c_3 > c_2 > c_1$

　　$\times$(3)　$\left. \begin{aligned} d_1 &= a_1 + a_2 = 3 \\ d_2 &= a_2 + a_3 = 5 \\ d_3 &= a_3 + a_4 = 7 \end{aligned} \right\}$　公差為 2α

　　$\bigcirc$(4)　$\left. \begin{aligned} e_1 &= a_1 + 1 = 2 \\ e_2 &= a_2 + 2 = 4 \\ e_3 &= a_3 + 3 = 6 \end{aligned} \right\}$　公差為 2α

　　$\times$(5)　$\left. \begin{aligned} f_1 &= 1 \\ f_2 &= \frac{a_1 + a_2}{2} = \frac{3}{2} \\ f_3 &= \frac{a_1 + a_2 + a_3}{3} = 2 \\ f_4 &= \frac{a_1 + a_2 + a_3 + a_4}{4} = \frac{5}{2} \end{aligned} \right\}$　公差為 $\dfrac{\alpha}{2}$

8. 【答案】 (4) (5)

【解析】

$\times$(1) $-$左，$-$右 不會相遇

$\times$(2) 都向左，$V_乙 > V_甲$，故會相遇

$\times$(3) 若 $a = \dfrac{10}{8}$，則一起到達原點

$\bigcirc$(4) $\surd$

$\bigcirc$(5) 若在 -2 相遇。甲走 6，乙走 12，時間相同

故 $V_甲 : V_乙 = 1 : 2$

9. 【答案】 (3) (5)

【解析】 $\times$(1) (4,7)

(5,6) (5,7)　　$\dfrac{4}{C_2^7} = \dfrac{4}{21}$

(6,7)

$\times$(2) (1,2) (1,3)　　$\dfrac{2}{C_2^7} = \dfrac{2}{21}$

$\bigcirc$(3) (1,2) (1,4) (1,6)

(2,3) (2,5) (2,7)

(3,4) (3,6)

(4,5) (4,7)　　$\dfrac{12}{C_2^7} = \dfrac{12}{21} = \dfrac{4}{7}$

(5,6)

(6,7)

$\times$(4) (1,3) (1,5) (1,7)

　　 (2,4) (2,6)

　　 (3,5) (3,7)　　　 $\dfrac{9}{C_2^7} = \dfrac{9}{21} = \dfrac{3}{7}$

　　 (4,6)

　　 (5,7)

○(5) (1,3) (1,5) (1,7)

　　 (3,5) (3,7)　　　 $\dfrac{6}{C_2^7} = \dfrac{6}{21} = \dfrac{2}{7}$

　　 (5,7)

10. 【答案】 (1) (2)

　　【解析】 設 $\angle A = 51°$　 $\angle B° = 59°$　 $\angle C = 70°$

　　　　 ○(1) $\sin \theta$ 在 $0° \sim 90°$ 爲遞增

　　　　　　 $\Rightarrow \angle B > \angle A$，故 $\sin B > \sin A$

　　　　 ○(2) $\angle C > \angle B \Rightarrow \sin C > \sin B$

　　　　 $\times$(3) $\cos \theta$ 在 $0° \sim 90°$ 爲遞減

　　　　　　 $\angle B > \angle A \Rightarrow \cos B < \cos A$

　　　　 $\times$(4) $\sin 70° > \cos 70°$

　　　　 $\times$(5) 大角對大邊

　　　　　　 $\because \angle C > \angle A \Rightarrow \overline{AB} > \overline{BC}$

11. 【答案】 (3) (5)

　　【解析】 $\times$(1) $\dfrac{280}{560} = \dfrac{56}{100} = 56\%$

$\times(2)\quad \dfrac{c_2^{220}}{c_2^{500}} = \dfrac{\dfrac{220!}{218!2!}}{\dfrac{500!}{498!2!}} = \dfrac{214 \times 220}{499 \times 500} \fallingdotseq 0.193 \fallingdotseq 19.3\%$

$\bigcirc(3)\quad \surd$

$\times(4)\quad \dfrac{380}{500} = \dfrac{76}{100} = 76\%$

$\bigcirc(5)\quad \surd$

12. 【答案】(1) (2) (5)

【解析】$f_1(x) = g(x)\,q(x) + r_1(x)$ ……①

$f_2(x) = g(x)\,k(x) + r_2(x)$ ……②

$\bigcirc(1)\quad$ ① × (–1)：$-f_1(x) = g(x) \times [-q(x)] + [-r_1(x)]$

$\bigcirc(2)\quad$ ① + ②：

$\quad\quad [f_1(x) + f_2(x)] = g(x)\,[q(x) + k(x)] + [r_1(x) + r_2(x)]$

$\times(3)\quad$ ① × ②：$f_1(x)\,f_2(x) = g^2(x)\,q(x)\,k(x) + g(x)\,q(x)\,r_2(x)$

$\quad\quad\quad + g(x)\,k(x)\,r_1(x) + r_1(x)\,r_2(x)$

$\quad\quad = g(x)\,[g(x)\,q(x)\,k(x) + q(x)\,r_2(x)$

$\quad\quad\quad + k(x)\,r_2(x)] + \underline{r_1(x)\,r_2(x)}$ 爲 2 次式　不合

$\times(4)\quad f_1(x) = -3g(x) \cdot \left[-\dfrac{1}{3}q(x) \right] + \underline{r_1(x)}$

$\bigcirc(5)\quad$ ①、②代入

$\quad\quad r_2(x)\,g(x)\,q(x) + r_1(x)\,r_2(x) - [r_1(x)\,q(x)\,k(x) +$

$\quad\quad r_1(x)\,r_2(x)] = g(x)\,[r_2(x)\,q(x) - r_1(x)\,k(x)] + 0$

13. 【答案】(3) (4)

【解析】 ×(1)

$$\overrightarrow{N_1} = \overrightarrow{AB} \times \overrightarrow{AC} = (0,6,-4) \Rightarrow \boxed{P : 6y - 4z = 0}$$

$$\overrightarrow{N_1} \cdot (0,3,2) \neq 0$$

×(2) xy 平面：$z = 0$，法向量：$(0,0,1) = \overrightarrow{N_2}$

$$\overrightarrow{N_1} \cdot \overrightarrow{N_2} \neq 0$$

○(3) $(0,4,6)$ 代入 $\boxed{P : 6y - 4z = 0}$：合！

○(4) √

×(5) 點面距 $= \dfrac{|6-4|}{\sqrt{6^2 + 4^2}} = \dfrac{1}{\sqrt{13}}$

第貳部份：選填題

A. 【答案】 −4

【解析】 $\begin{cases} 3x - y + 3 = 6 \\ 2x + 4y - 1 = -6 \end{cases}$

$x = \dfrac{1}{2}$，$y = \dfrac{-3}{2}$

$x + 3y = -4$

B. 【答案】 $\dfrac{29}{4}$

【解析】 $2(\dfrac{1}{2} \cdot 2a \cdot b) = 58 \Rightarrow 2(\dfrac{1}{2} \cdot 2a \cdot 4) = 58$

$a = \dfrac{29}{4}$

C. 【答案】105

【解析】 設 $\overline{AB} = x$，兩個半圓直徑 $= 2r$

$$\begin{cases} 2x + 2r\pi = 400 \\ 2r \geq 60 \\ x \geq 90 \end{cases}$$

$$\Rightarrow \frac{400 - 2x}{\pi} \geq 60$$

$$\Rightarrow \frac{200 - 2x}{\pi} \geq 30$$

$$\Rightarrow 200 - x \geq 30\pi$$

$$105.8 \fallingdotseq 200 - 30\pi \geq x$$

$$x = 105$$

D. 【答案】215

【解析】

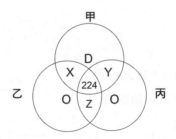

$$\begin{cases} 224 + x + y = 765 \\ 224 + x + z = 537 \\ 224 + y + z = 648 \end{cases} \Rightarrow \begin{cases} x + y = 541 &—① \\ x + z = 313 &—② \\ y + z = 424 &—③ \end{cases}$$

①＋②＋③　$2(x + y + z) = 1278$

$$x + y + z = 639 \quad —④$$

④－③：$x = 215$

E. 【答案】13

　　【解析】 $\triangle BED$ 為正三角形

　　　　　　$\Rightarrow \overline{BE} = 7$，$\overline{BD} = 7$

　　　　　　$\angle ADB = \angle DAC + \angle DCA$

　　　　　　$60° = \angle DAC + 30°$

　　　　　　$\Rightarrow \angle DAC = 30° = \angle DCA$

　　　　　　$\Rightarrow \overline{AD} = \overline{DC} = 15$

　　　　　　$\triangle ABD$ 利用餘弦

　　　　　　$\cos 60° = \dfrac{7^2 + 15^2 - \overline{AB}^2}{2 \cdot 7 \cdot 15}$

　　　　　　$\dfrac{1}{2} = \dfrac{274 - \overline{AB}^2}{2 \cdot 7 \cdot 15}$

　　　　　　$\Rightarrow \overline{AB} = 13$

F. 【答案】 $2\sqrt{3}$

　　【解析】 若兩頂點距離 x，當此兩頂
　　　　　　點為正方體最遠兩頂點時，
　　　　　　正方體邊長為 $\dfrac{x}{\sqrt{3}}$

　　　　　　在 $z = 0$ 取 $(0,0,0)$

　　　　　　$z = 6$ 取 $(0,0,6)$

　　　　　　x 有最小值 6

　　　　　　$\Rightarrow$ 正方形邊長 $= \dfrac{6}{\sqrt{3}} = 2\sqrt{3}$

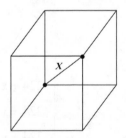

G. 【答案】 −3

　　【解析】 設 $\overline{AC} = \overline{BD} = x$

設 $\overline{AE} = a \Rightarrow \overline{EC} = x - a$

設 $\overline{DE} = b \Rightarrow \overline{BE} = x - b$

設 A 原點，$\overrightarrow{AB} + \overrightarrow{AD} = \overrightarrow{BC}$

$(a, -x + b) + (a, b) = (x-a, x-b)$

$(2a, -x + 2b) = (x-a, x-b)$

$\begin{cases} 2a = x - a \\ -x + 2b = x - b \end{cases} \Rightarrow a = \dfrac{x}{3} , b = \dfrac{2}{3}x$

$\Rightarrow \tan \angle DAE = \dfrac{b}{a} = 2 , \tan \angle EAB = \dfrac{x-b}{a} = 1$

$\tan \angle BAD = \tan (\angle DAE + \angle EAB)$

$\qquad = \dfrac{\tan \angle DAE + \tan \angle EAB}{1 - \tan \angle DAE \tan \angle EAB}$

$\qquad = \dfrac{2 + 1}{1 - 2 \times 1} = -3$

108 年大學入學學科能力測驗試題
社會考科

單選題（占 144 分）

說明：第 1 題至第 72 題皆計分。每題有 4 個選項，其中只有一個是正
　　　確或最適當的選項，請畫記在答案卡之「選擇題答案區」。各
　　　題答對者，得 2 分；答錯、未作答或畫記多於一個選項者，該
　　　題以零分計算。

1. 假定有許多勞工團體對於《勞動基準法》的部分修正條文不滿，
　 認為其損害勞工權益，進而發起公投要求廢除新修訂的相關條文；
　 有某勞工團體主張，新法涉及 60 多萬的外籍移工福祉，他們也
　 應有參與公投的權利，不應被排除在外。該團體認為，任何勞基
　 法的規定都是不分國籍直接衝擊所有的勞動者，雖然目前法律還
　 不允許外籍人士參加公投，但可藉此項呼籲行動讓政府、社會大
　 眾看見移工的意見，而且歐盟各國已有先例，允許非國籍人士擁
　 有部分參政權。下列哪項說法最能詮釋上述勞工團體的主張？
　 (A) 各國應該不分國籍族群，讓人們享有相同的參政權以發展全
　　　 球公民意識
　 (B) 我國政府對重要國際人權公約內容已經進行國內法制化，應
　　　 當積極落實
　 (C) 公民投票具有直接民主和主權在民的實踐意義，全體住民皆
　　　 有參與權利
　 (D) 權益受到新政策制訂影響的人們，均應能夠享有參與制訂該
　　　 政策的權利

2. 有學生正在觀賞司法院的宣導短劇。劇中角色甲說：「庭上，本
　 次我方所以代表國家起訴被告，是因為被告違反了刑事法律。」

劇中角色乙立刻表示反對意見：「抗議！並沒有明確的證據足以證明我的當事人有罪。」假定角色不更換，學生繼續觀看下去將有可能會看到下面哪一個場景？

(A) 角色甲出現在行政法院中，負責審理行政法院之案件

(B) 角色甲在普通法院擔任國家委託民事訴訟案件代理人

(C) 角色乙接受法律扶助基金會委託，代理民事訴訟案件

(D) 角色乙在偵查庭中，指揮警察調查被告有無犯下罪刑

3. 我國《民法》對於子女姓氏應從父姓或母姓的規定，歷經數次修正，由原先「子女應從父姓」，改成可以由父母書面約定子女姓氏。但目前依據內政部調查顯示，絕大多數的子女仍以從父姓為主。下列哪一個論點最能用來說明此一現象？

(A) 法律未強制子女從父姓，係因社會習慣與法律具有一致性

(B) 因習慣法的效力優先於法律規定，故此現象合乎法律要求

(C) 社會大多數人重視家庭倫理，認為家庭是社會規範的基礎

(D) 社會傳統風俗習慣形塑了人們的行為，其影響比法律更強

4. 有關我國《民法》對結婚雙方的法定權利義務規定，下列敘述何者正確？

(A) 雙方同居時出生之小孩，結婚後自動視為婚生子女

(B) 依據法定夫妻財產制，夫妻全部財產皆為夫妻共有

(C) 婚姻期間出生之小孩為婚生子女，不可改變其身分

(D) 夫妻雙方取得對方遺產繼承權，離婚後也有繼承權

5. 在國外曾出現有宗教信徒因為違反宗教戒律，雖沒有違反明確法律規定，但仍被法院判處刑罰的案例。在我國，法院並不能因為信徒單純違反宗教戒律的行為而判其有罪，這是因為我國法院受到下列哪一項原則的拘束？

(A) 刑法謙抑　　(B) 罪刑法定　　(C) 程序正義　　(D) 宗教自由

6. 甲、乙、丙三國均加入世界貿易組織（WTO）之後，啓動的雙邊
貿易協定如下：甲國先與乙國協商腳踏車關稅稅率爲 4%，後與
丙國重新協商腳踏車關稅稅率爲 3%；於同一時間，乙國對丙國
的腳踏車關稅降爲 2%，丙國對乙國的腳踏車關稅調整爲 5%。最
後，甲國對於乙、丙兩國所訂定的腳踏車進口關稅稅率應爲多
少，方能符合 WTO 的關稅規範？
(A) 2%　　　　　(B) 3%　　　　　(C) 4%　　　　　(D) 5%

7. 表 1 爲小華對於某市場外部效果分析的作業，其中左半部的供
給、需求價量關係未考慮外部效果，右半部的供給、需求價量關
係考慮外部效果。根據表 1 資料判斷，有關此市場的外部效果，
以下敘述何者正確？

表 1

價格	需求量	供給量	價格	需求量	供給量
10	30	160	10	50	160
9	40	140	9	60	140
8	50	120	8	70	120
7	60	100	7	50	100
6	70	80	6	90	80
5	80	60	5	100	60

(A) 存在此外部性時，市場均衡產量過高
(B) 存在此外部性時，市場均衡價格過低
(C) 在該市場中生產者成本低於社會成本
(D) 政府可透過課稅將市場的外部性消除

8. 因爲含糖飲料有增加民衆罹患肥胖、糖尿病及蛀牙的可能性，某
國政府計畫對含糖飲料課徵「糖稅」，稅率隨飲料中含糖量增加
而提高。此政策的手段與以下哪一個租稅政策最類似？

(A) 對年收入愈高的人徵收愈高的所得稅
(B) 對持有兩年內的豪宅交易課徵交易稅
(C) 排氣量愈高的汽車課徵愈高的燃料稅
(D) 對於酒精濃度高的烈酒課徵較高關稅

9-11 為題組

◎ 某小說背景為日治後期的臺灣南部山區，主角是受過較高教育、曾在都市生活的農場地主之子劉致平。他剛從都市回到農場工作時，覺得自己是以一個外鄉人和外行人的身分，跳進工人群中。他原本認為「和這一階層的人相處是無聊、枯燥而無益的。」但日子久了，他開始能用欣賞與理解的態度和工人相處。小說也描述農場的年輕男女工人常在山上一邊揮汗工作，一邊賣力對唱「山歌」同樂，歌詞隨性而機智，表達彼此間的愛慕或好感，劉致平認為「沒有什麼比山歌更能使你的情人感到魅力的了。」他後來和農場女工劉淑華相戀，卻發現二人的輩份與地位都不同，更觸犯當時「同姓不能結婚」的禁忌。有一天他領悟到：這山區的人都同屬劉氏宗親，成員間有種神聖的血緣紐帶不能逾越。他的生活世界是被組織嚴密的社會網絡牢牢籠罩著。最後他和劉淑華二人被迫遠走他鄉，去尋找屬於他們自己的新生活。請問：

9. 若從自我與生活風格的關聯來看，下列何者最能詮釋劉致平與山區工人相處後的改變？
   (A) 個人的文化品味較容易受到主流文化和生活風格的影響
   (B) 封閉的農村社會組織，易造成自我和生活風格的侷限性
   (C) 個人生命歷程對生活風格與身分意識的形成具有影響力
   (D) 城鄉生活風格與教育程度差距，加深了彼此身分的區隔

10. 依據題文資訊，下列敘述何者最能說明「唱山歌」的文化意涵？
   (A) 青年男女藉唱歌表達對自主情愛關係的嚮往
   (B) 山歌風格標示出山區工人非主流的文化位階
   (C) 工人藉由唱山歌以形塑勞動階層的群體文化
   (D) 唱山歌是山區青年男女成年的社會通過儀式

11. 如果從「社會規範」的角度出發，下列敘述何者最適合用來解釋
   劉致平的「領悟」及其被迫遠走他鄉的情節？
   (A) 階層界線太明確，妨礙地主與勞工之間發展出平等互惠的關係
   (B) 傳統社會中的財產繼承，使得子女無法依自己的興趣選擇職業
   (C) 血緣宗親力量若成為重大的人際壓力，將會限制個人自由發展
   (D) 家庭為整體幸福並傳遞文化價值觀，常要求子女犧牲個人利益

12-14 為題組

◎ 某財經專業雜誌，刊出下列新聞：

> 輕鬆減肥　生技藥廠營收突破可期
> 【本刊記者陳大平專訪】現代人因為工作忙碌，都以外食為主。
> 衛福部發布我國成年人體重過重比例逐年增加，鼓勵民眾多運
> 動維持適當體重。美鮮麗公司過去三年投入五千萬美金，專門
> 為外食族研發成功一款健康纖維添加劑，實驗證明可有效抑制
> 飲食過量，目前正在申請歐盟食品健康管理機構的販售許可。
> 公司高層表示，一旦審查通過預計將增加公司盈餘三成。〔投
> 資定有風險，以上報導不代表本雜誌投資建議〕

新聞發布後，市場投資人對該公司股票加價購買的意願增高，股
票價格因而上漲。該公司大股東某甲趁機將手上低價擁有的股票
以高市價賣出而獲利。事後衛生機構發現所謂添加劑只是一般消
化酵素，並非生技研發新成果，且歐盟也無該公司申請販售許可

的紀錄。消息一出，股票價格大跌，導致當時以高價買進的投資人蒙受巨大損失。檢調單位因此展開調查是否有詐欺與操縱股價的犯罪行為。另一方面有受害人認為，要防止媒體刊登不正確或疏於查證的消息而導致閱聽人權益受損，政府應制定專法，對失職的媒體以及相關記者，課以刑事責任。請問：

12. 上述受害人主張立專法管制，與下列何種政府作為最類似？
(A) 規定停車場增設親子停車位
(B) 免除投資人證券交易所得稅
(C) 將運動中心授權給民間經營
(D) 以保證價格將綠能發電購回

13. 該立法主張如獲得通過，最可能侵害以下哪一種人民權益？
(A) 公司契約自由
(B) 媒體新聞自由
(C) 民眾媒體近用
(D) 記者個人姓名

14. 對於不暸解企業經營實情，且資訊不對稱的廣大讀者而言，如何判斷上述報導可能不實且應予存疑？
(A) 標題過於聳動而且與內容無關聯
(B) 引用政府資訊影響投資人的判斷
(C) 文末出現「投資定有風險」警語
(D) 報導所提到的利多消息來源不明

15. 美國於 1954 年 9 月聯合英國、澳洲、法國、紐西蘭、巴基斯坦、泰國和菲律賓組成「東南亞公約組織」，其組織的目標與內容都與北大西洋公約組織類似，總部設於曼谷。美國原本希望我國也加入，但因各種原因而未果。美國補救的方式是：
(A) 另與我簽訂共同防禦條約
(B) 支持我成為聯合國會員國
(C) 要求各國遵守聯合國憲章
(D) 支持我國加入東南亞國協

16. 表 2 爲臺灣自民國 55 年到 60 年某項資料。這項資料最可能是：

表 2

年代（民國）	%
55 年	58.95
56 年	62.29
57 年	74.66
58 年	76.04
59 年	79.81
60 年	81.39

(A) 農業生產占全國生產總值的比例
(B) 農村地區電力照明設備的普及率
(C) 美援麵粉成爲國民主食的普及率
(D) 小學畢業生進入初（國）中的比例

17. 學者認爲：國家失道，將敗之際，上天會先降下災害，以爲警惕。
　　如果人君無法領受天降災異的敎訓，把政治導正，那麼天就有權
　　力來奪取君王的權位。如果君王行爲得當，五行運轉便正常。他
　　因此主張：「天道」運行變化，主要是爲了建立「人道」。這位學
　　者最可能是：
(A) 主張民貴君輕的孟子　　　　　(B) 主張天人感應的董仲舒
(C) 主張格物致知的朱熹　　　　　(D) 主張知行合一的王陽明

18. 1871 年，西洋人在上海敷設了電報線；1877 年，丁日昌在臺灣
　　架設了電報設備，成爲中國第一條自行架設的電報線。1879 年，
　　李鴻章也在天津與大沽及北塘之間架設電報設備。當時架設電報
　　設備的主要動機是：
(A) 西洋商社在中國投資，希望中國提供電信設備
(B) 中國報業爲求現代化，希望引進電報通信設施

(C) 清朝官員認爲電報設施有助於國防,因此架設

(D) 朝廷認爲電報爲國家現代化象徵,故極力支持

19. 許多關切教育的地方人士指出:國家建設百廢待舉,傳統知識已不敷使用,需借重歐美先進國家的政治經驗、學術思想與科學技藝等專門知識,才能提升國家建設的效率。國家先前雖曾多次派選學生出洋念書,但人數不足。爲便於學習歐美先進國家的專門知識,建設家鄉,我們也應廣派學子出國留學。呼籲主事者籌設「留學歐美預備學校」,招收學子,先在國內學習歐、美語文,以便將來出國學習。該文章反映哪種時代背景?

(A) 簽訂《南京條約》後,政府需培養對外交涉人才

(B) 民國初年,擴大學校教育,也培育各種專門人才

(C) 八年抗戰期間,同盟國資金援助,學生可赴歐美

(D) 韓戰爆發以後,美援開始,故派遣學生赴美學習

20. 1862 年,德川幕府派官員到上海考察,隨行一位藩士寫下《遊清五錄》,描述當時上海的情形:「歐羅巴諸邦商船軍艦數千艘停泊江上,桅檣林立,塡滿津口;陸上則有諸邦商館,粉壁千尺,殆如城郭,其雄大壯偉,筆紙難以表述。」另一方面他也觀察到:「中國人到處被外國人牽制著。……與其說上海是中國人的土地,還不如說是英法兩國的殖民地。……雖然說我們是日本人,但對於這樣的局面也應該關心留意。因爲這不僅是中國之事。」他指出中國受侵略的根源是國策失誤:「當權者只知守舊……沒有製造軍艦大砲在戰區裡抵禦敵人,才造成如此衰敗的結果。」這位日本人寫此書的目的最可能是:

(A) 日本已是先進國家,自認爲是高級文化代表,故多批評

(B) 日本也相當落後,看到中國情況,希望能避免重蹈覆轍

(C) 日本自以爲遠較中國富強,希望也能效法列強瓜分中國

(D) 日本自知無法抵抗列強,主張閉關自守,拒列強於境外

21. 巴剎（Bāzār）原為波斯文中的市場之意，多指有頂棚遮蓋的商業
    街道，在其中販售各種商品。現在，馬來西亞、印尼等東南亞地
    區及中國西北地區如新疆，也將市場稱為「巴剎」。學者研究，
    這是某種語言借用「巴剎」的名稱後，向各地推廣所致。這種語
    言應是：
    (A) 英語　　　　　　　　　(B) 印度語
    (C) 阿拉伯語　　　　　　　(D) 西班牙語

22. 白居易的〈琵琶行〉長詩寫於唐憲宗元和十一年（816 年），當時
    白居易貶官為江州司馬，居住在江西九江，對比長安與九江，有
    許多感想。下面詩句中，哪一句最足以說明白居易對兩地文化差
    異的看法？
    (A) 潯陽地僻無音樂　　　　(B) 舉酒欲飲無管絃
    (C) 商人重利輕別離　　　　(D) 妝成每被秋娘妒

23. 《東西洋考》記載某一時期中國的世界地理觀，東洋包括呂宋、
    汶萊、日本及紅毛番；西洋包括交阯、占城、暹羅、柬埔寨、麻
    六甲等。這本書反映出何時的世界觀？
    (A) 唐代　　　　　　　　　(B) 南宋
    (C) 明末　　　　　　　　　(D) 清末

24. 一件史料記載：淡水廳某士紳因與佃農發生糾紛，乃強制將佃農
    耕種的田地收回，另行轉租給別的佃農耕種，以致激起民間鬥殺；
    該士紳還招募壯勇四出焚搶。朝廷認為該士紳為富不仁，目無法
    紀，下令閩浙總督將該士紳革職逮捕，押解到省城嚴行審辦。該
    史料記載的事件最可能是：
    (A) 民眾發動反清復明的民變　　(B) 天地會領袖發動抗清行動
    (C) 客家居民組成的抗日行動　　(D) 地方人士參與的分類械鬥

25. 某一時期，中國周邊民族普遍使用文字，並營建都城，反映其國家組織的強化，構成對農業中國的嚴重威脅。無論是東北、北方，甚至西南，都發生周邊民族入侵的現象，同時對中國造成重大的壓力。這種形勢出現於何時？
    (A) 西周末年
    (B) 西晉末年
    (C) 唐宋之際
    (D) 清朝中葉

26. 下列哪些臺灣鄉鎮市區級地名的變遷，最能反映解嚴後政府及社會對多元族群及其文化的尊重態度？
    甲、吉野 → 吉安　　乙、三民 → 那瑪夏　　丙、番社 → 東山
    丁、吳鳳 → 阿里山　戊、紅毛 → 新豐
    (A) 甲乙
    (B) 甲丙
    (C) 乙丁
    (D) 丁戊

27. 圖 1 為某地區的等高線地形圖。該地在某一次暴雨時形成了多處的崩塌地，圖中陰影部分為崩塌所在。若於暴雨後在圖中的甲、乙、丙、丁四個點進行水質採樣，則何處所採樣本的含沙量最高？
    (A) 甲
    (B) 乙
    (C) 丙
    (D) 丁

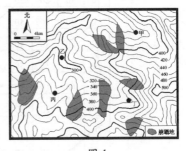

圖 1

28. 某一地區民間音樂的特點是，帶有淡淡懷鄉、憂愁的色彩，重唱形式多，唱法放鬆，音色柔和抒情。一個音樂家評論：「原住民族提供基本的五聲音階模式，並喜用單調的擊鼓聲作伴奏；殖民者帶來和弦的概念及西班牙慣用的節奏，黑人則增加了變化音的修飾。」該地區最可能是：
    (A) 歐洲伊比利半島
    (B) 非洲喀拉哈里盆地
    (C) 南美洲拉布拉他平原
    (D) 北美洲密士失必三角洲

29. 2018 年美國與中國貿易爭端成形，某財經雜誌以「美國製造，臺灣紡織業者看見藍海」爲題，闡述此時正是臺灣紡織業者從中國撤資前往美國投資設廠生產的新契機。臺灣紡織業者若欲前往美國設廠，可利用下列哪項生產方式的轉變，以克服美國勞力成本較高的不利因素？

(A) 自動化生產的精進　　　　(B) 即時與彈性的生產

(C) 有效率轉包與代工　　　　(D) 空間分工鏈的重組

30. 圖 2 爲某一地區的數值地形模型（DEM），圖 3 是該地區某一道路由左至右的高度剖面示意圖。圖 2 中哪條田野調查路線最符合圖 3 的道路地形變化？

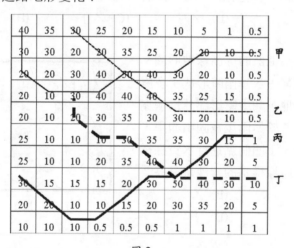

圖 2

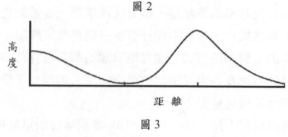

圖 3

(A) 甲　　　　(B) 乙　　　　(C) 丙　　　　(D) 丁

31. 某同學擬定一探究計畫，題目為「臺灣休閒農業區設置空間特性
之探討。」在蒐集資料的過程中，
根據某學者所繪製之臺灣休閒農
業區發展熱門區域的空間分布圖
（圖4）建立假說。下列哪個假
說最為合理？

(A) 易達性高地區較具發展休閒
農業區潛力
(B) 原住民鄉鎮區較具發展休閒
農業區潛力
(C) 休閒農業主要沿著臺三線公
路兩側發展
(D) 休閒農業區主要透過傳統茶
業產區轉型

圖 4

32. 婆羅洲島約介於北緯 7 度到南緯
4 度，東經 109 度至 119 度之間
（圖5）。根據經緯度推算，婆
羅洲島的面積大約是多少平方
公里？

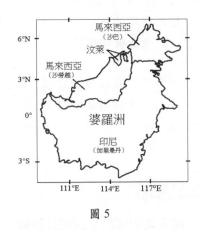

(A) 5 萬
(B) 20 萬
(C) 40 萬
(D) 75 萬

圖 5

33-35 為題組

◎ 圖6為臺灣周邊某島嶼的等高線地形圖（右）和該島西岸不同時
間的海岸線位置圖（左），請問：

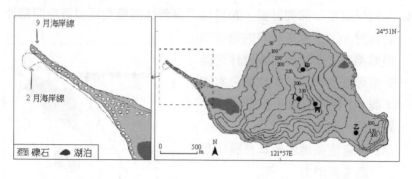

圖 6

33. 圖 6（左）海岸線 9 月、2 月不同，導致這種變化最主要的原因為何？
   (A) 洋流變化　　　　　　　　(B) 颱風侵襲
   (C) 潮汐漲退　　　　　　　　(D) 季風交替

34. 下列何種景觀最可能出現於該島嶼？
   (A) 海岸裙礁　　　　　　　　(B) 石灰岩溶洞
   (C) 溫泉與硫氣孔　　　　　　(D) 玄武岩柱狀節理

35. 如果要在該島嶼上設置可觀賞日出第一道曙光的觀景台，圖 6（右）中何地最適合？
   (A) 甲　　　　　　　　　　　(B) 乙
   (C) 丙　　　　　　　　　　　(D) 丁

36-37 為題組

◎ 圖 7 是中國的水資源分區圖，可分為北部、南部、西南諸河區、西北諸河區四個水資源分區，表 3 為 2016 年各分區水資源的使用量和用水類型的耗水量結構統計，請問：

圖 7

表 3

單位：億立方公尺

水資源分區	各水資源的使用量			各用水類型的耗水量			
	地表水	地下水	其他	生活	工業	農業	其他
甲	3064.8	106.5	17.5	536.3	1016.4	1596.3	39.8
乙	1226.9	794.2	50.8	257.1	264.1	1469.9	80.8
丙	99.0	3.2	0.1	10.5	8.8	82.0	1.0
丁	521.5	153.1	2.4	17.7	18.7	619.7	20.9

36. 中國因水資源分布不均而推動跨區調水工程，該工程主要由哪個水資源分區調水到另一個水資源分區？
    (A) 甲 → 乙　　　　　　　　(B) 甲 → 丁
    (C) 乙 → 丙　　　　　　　　(D) 乙 → 丁

37. 加工用番茄的理想栽培環境是：生長期日照時數長，晝夜溫差大，氣候乾燥少雨但灌溉用水充足。某食品加工企業在選擇生產番茄汁的設廠區位時，以哪個水資源分區最佳？
    (A) 甲　　　　　　　　　　　(B) 乙
    (C) 丙　　　　　　　　　　　(D) 丁

38-39 為題組

◎ 所謂「生態服務」,係指生態系統在運作過程中,能形成及維持人類賴以生存的自然空間及物化條件。如臺灣蚵仔養殖主要分布於西南沿海地區,不僅形塑獨特的養蚵文化,生產過程中還可以淨化海水,穩定海岸,蚵棚也成為魚蝦蟹的棲息地,其副產品蚵殼的碳酸鈣成分為過去製作石灰的原料,深具有「生態服務」的價值。近年來有某縣市首長計畫在近海地區進行填土造陸工程以興建大型商城。地方人士認為該開發案勢必會衝擊養蚵文化和生態服務功能,因此推動公民投票反對此一開發案。在爭取提案成立過程中,公投發起人士逐一拜訪當地居民,成立公民論壇,邀請民眾討論開發案之利弊。參與民眾日趨增加,雖立場各有不同,卻共同自發組成社區發展協會。該公投案最後未能成立,土地開發案亦隨之執行。請問:

38. 養蚵產業除可淨化海水、穩定海岸外,還具有哪些「生態服務」的價值?
  甲、固碳　　　乙、防止地層下陷　　　丙、增加生物多樣性
  丁、有利濕地植物群聚　　　　　　戊、吸引洄游魚類產卵
  (A) 甲丙　　　　(B) 乙丁　　　(C) 乙戊　　　(D) 丙丁

39. 上述開發案引發的公投案發展,下列詮釋何者最適當?
  (A) 該公投案未能成立,係因屬重大預算案,依法由議會審議並不適用公投法
  (B) 該公投案未能成立,反映出人民主權的精神在地方層級議題較不容易實踐
  (C) 公投案雖未能成立,但已證明透過直接民主制度解決土地政策爭議的必要
  (D) 公投案雖未能成立,但已顯現民主審議的歷程、精神以及可能面對的困境

40-41 為題組

◎ 史料記載：某年 1 月 11 日，駐守臺灣的長官率領 353 人分乘 3 艘
　戎克船從位於臺灣南部的政治中心出征。船隻沿海岸向南航行時，
　兩艘船隻觸礁，損失一些食物。軍隊乃在島嶼西岸下船整補，從
　陸路越過山脈到島嶼東岸。在東岸某村社整補兩天後，沿海岸線
　北上，攻擊山區另一村社，達成出征目的後才撤軍，並再度越過
　山脈返回島嶼西岸。軍隊在海邊某村社露宿時，曾受當地社民以
　米飯、豬肉和雞肉款待。請問：

40. 根據題文資訊及歷史知識推論，該史料最可能描述的是：
　　(A) 荷人至東臺灣探金與原住民引發衝突
　　(B) 明鄭時期屯墾時和大肚王國發生衝突
　　(C) 清福建水師提督到東部追擊海盜蔡牽
　　(D) 日本警察與阿美族衝突的七腳川事件

41. 從史料內容可看出當時「村社」社會的哪一特徵？
　　(A) 某些村社應已經發展出稻作農業
　　(B) 部分村社間已建立軍事同盟組織
　　(C) 不同村社間已有穩定的貿易關係
　　(D) 村社的土地制度屬於部落共有制

42-43 為題組

◎ 某一時期，英國國王下令關閉修道院，沒收教會財產，將其土地
　出售給富人，不僅獲得巨大利益，也調整政教關係。請問：

42. 依據題文資訊，上述事件最可能發生於何時？
　　(A) 十三世紀約翰王簽署大憲章，重新確認國王與貴族的關係
　　(B) 十五世紀百年戰爭後，英王放棄在法國權力轉而注重內政

(C) 十六世紀宗教改革時，英王欲排除羅馬公教在英國的勢力

(D) 十七世紀時英王迫害清教徒，許多清教徒流亡北美洲地區

43. 如果依據現代法律保障財產權的理念，評論該時期英國國王沒收財產的事件，下列評論何者最適當？

(A) 財產權的保障對象為自然人，教會非屬自然人，不是財產權的保障對象

(B) 英王沒收教會財產，此沒收行為讓英王與教會構成債權債務之法律關係

(C) 基於物權法定主義原則，若國家制定法律，英王可以合法沒收教會財產

(D) 依所有權社會化原則，英王須為公益目的且必要時，才可取得教會財產

44-45 為題組

◎ 十八世紀，清朝一位皇帝對該朝首都地理形勢描述：「右擁太行左滄海，南襟河濟北居庸。會通帶內遼海外，雲帆可轉東吳粳（稻米）。」請問：

44. 該首都及其附近地區在現代經濟發展中，必需克服的環境限制為何？

(A) 礦物原料短缺   (B) 淡水資源不足

(C) 冬夏溫差劇烈   (D) 土壤退化嚴重

45. 十九世紀下半葉，「雲帆可轉東吳粳」的情況則有大幅改變，造成此一改變的最主要原因為何？

(A) 美洲作物引進   (B) 鐵路運輸興起

(C) 捻亂破壞航路   (D) 海運取代漕運

46-47 為題組

◎ 某島嶼在十六至十九世紀間原是西班牙大帆船貿易航線上的重要修補站，1898 年美西戰爭時，該島遭美國併吞。太平洋戰爭期間，日本曾占領該島。二次大戰後期，美軍奪回該島後，在該島建立空軍基地，作為戰時控制東南亞和東北亞空域的據點。請問：

46. 該島嶼最可能是：
　　(A) 關島　　　　(B) 琉球　　　　(C) 硫磺島　　　　(D) 夏威夷島

47. 該島控制空域的周邊國家，大多是哪兩個國際組織的成員國？
　　甲、OPEC（石油輸出國家組織）
　　乙、APEC（亞太經濟合作會議）
　　丙、OAS（美洲國家組織）　　　丁、ASEAN（東南亞國家協會）
　　(A) 甲乙　　　　(B) 甲丙　　　　(C) 乙丁　　　　(D) 丙丁

48-50 為題組

◎ 圖 8 為甲、乙、丙、丁四個地點長期的月均溫與月雨量變化圖。請問：

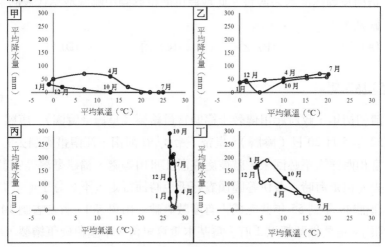

圖 8

48. 某一湖泊原是世界第四大湖，1960 年代前後，人們開始從注入該湖泊的兩條河川取水，在兩岸地區發展灌溉，栽培棉花和稻米等農作物，造成入湖河水大幅減少，不僅導致湖泊水位降低，且趨近乾涸，也在該湖泊周圍地區引發嚴重的環境生態問題。該湖泊位於圖中哪個地點代表的氣候區？

    (A) 甲 　　　　(B) 乙 　　　　(C) 丙 　　　　(D) 丁

49. 十九、二十世紀之交，某帝國首都中的猶太族裔在以下幾個行業占絕對優勢，例如有七成的金融家、六成的律師和醫生以及五成的記者屬於猶太族裔。該首都最可能位於圖中哪個地點代表的氣候區？

    (A) 甲 　　　　(B) 乙 　　　　(C) 丙 　　　　(D) 丁

50. 十八世紀上半期，一位旅行者描述一地：氣候土壤不佳，平時杳無人煙，但每年有一段時間有大量船隻湧入，水手用船帆在港口旁廣場搭起帳棚，保護卸下的貨物；各由上百隻騾組成的商隊運來一箱箱的金銀；一些小船載滿當地生產的可可、羊駝毛、金雞納樹皮等商品前來販售。此地最可能位於圖中哪個地點代表的氣候區？

    (A) 甲 　　　　(B) 乙 　　　　(C) 丙 　　　　(D) 丁

51-53 為題組

◎ 清朝初年，政府起用傳教士協助官員繪製《皇輿全覽圖》。康熙52 年 5 月 20 日（陰曆），皇帝下令：「往河南、江南畫輿圖去的官和西洋人不必回來，就彼處往浙江舟山等處、福建臺灣等處畫去。但走海時，著伊等謹慎看好天色時節行走，不必急了。」從康熙 49 年到 55 年共完成「有度數直隸、山東等 13 省全省圖 14張」。這些地圖都以「府」為基本量算單位，用墨色硬筆繪製，度數用阿拉伯數字記在圖的邊框，山川城鎮符號基本一致。請問：

51. 協助清朝官員繪製地圖的傳教士最可能是：
    (A) 法國的耶穌會教士
    (B) 英國的長老會教士
    (C) 荷蘭的喀爾文教士
    (D) 俄羅斯的東正教士

52. 皇帝下令：「走海時，著伊等謹慎看好天色時節行走，不必急了。」主要是因為當時節的天候環境有何特色？
    (A) 潮差變化不定
    (B) 雷暴雨日數多
    (C) 東南季風興起
    (D) 沿岸涼流強勁

53. 論者認為：《皇輿全覽圖》係由傳教士執筆繪製。題文中哪項資料可支持此論點？
    (A) 全圖使用墨色硬筆繪製
    (B) 山川城鎮符號基本一致
    (C) 以府為基本的量算單位
    (D) 度數用阿拉伯數字標記

54-55 為題組

◎ 十七世紀時，亞洲水域的遠東航路上，一艘帆船從公司總部所在的港口出發，船上載滿胡椒、檀香木、乳香、象牙、犀角等商品。抵達「甲」港後，卸下部分商品，並購買當地生產的鹿皮、鹿脯、砂糖等貨物裝船，繼續航行至日本。在日本把貨物賣掉，換取白銀；返航行程中，至廈門購買絲綢和瓷器。請問：

54. 依據題文資訊，「甲」港的今名最可能是下列何者？
    (A) 安平　　　(B) 馬尼拉　　　(C) 麻六甲　　　(D) 雅加達

55. 關於題文中三地貿易的敘述以下何者正確？
    (A) 日本的絲綢市場價格低於廈門
    (B) 廈門在生產砂糖上具有比較利益
    (C) 廈門生產鹿肉的機會成本較低
    (D) 日本鹿皮市場的消費者剩餘增加

56-59 為題組

◎ 某國位處溫帶海洋性氣候區,是由數個政治實體組成的君主立憲政體,但其中一個政治實體有獨立建國的分離主義運動。該國有一個少數黨,係由早期街頭暴力抗爭的公民團體轉型而來,倡議立法讓該政治實體舉行獨立公投。此少數黨的民意支持度在近年來不斷攀升,且 2015 年國會大選時,政黨得票率和席次均大幅提高。表 4 是該次選舉得票率最高的七個政黨及其所獲得的議席和席次比例。請問:

表 4

政黨(代號)	得票率	議席(席次比例)
紅	36.9%	331(50.9%)
橙	30.4%	232(35.7%)
黃	12.6%	1(0.2%)
綠	7.9%	8(1.2%)
藍	4.7%	56(8.8%)
靛	3.8%	1(0.2%)
紫	0.6%	8(1.2%)

56. 依據表 4 的選舉結果,關於該國選舉制度的問題,下列哪一個評論最適當?
    (A) 得票率愈低的小黨,愈難以在國會取得席次
    (B) 得票率和席次出現落差,民意未獲有效反映
    (C) 選舉規則有利於大黨,易產生一黨獨大現象
    (D) 主張獨立的激進政黨,較易在國會取得席次

57. 題文中該君主立憲國家由不同政治實體組成,其組成的主要依據為何?
    (A) 1215 年的大憲章(The Great Charter)

(B) 1648 年的西發里亞和約（Peace of Westphalia）

(C) 1535、1707、1800 年的聯合法（Acts of Union）

(D) 1919 年的凡爾賽和約（Treaty of Versailles）

58. 根據下列四個都市景觀的描述判斷，哪個都市最可能出現在該君主立憲政體？

甲、氣候夏熱冬寒，年降水量 850 mm 左右，夏雨較多。是世界傳統汽車中心，近年因汽車工業衰退，都市人口大幅外流。主場設於本市的職業球隊以活塞籃球隊和紅翼冰球隊最有名。

乙、終年溫和濕潤，無明顯乾季，年降水量爲 800 mm 左右，降水時間長，降水強度小。市區內有許多工業革命遺址改造成的歷史博物館，足球是該市文化的重要部分，有兩個著名的足球會設於本市。

丙、冬夏的溫差很大，年降水量 1100 mm 左右，乾溼季節不明顯，是十九世紀後期才興起的都市，爲全國最重要的農牧產品集散地，食品加工業發達。職業棒球火腿鬥士隊主場設於本市。

丁、全年高溫，年降水量 900 mm 左右，乾溼季節分明。目前是該國科技研究的樞紐、資訊科技的中心和 IT 產業的重鎮。職業板球皇家挑戰者隊主場設於此。

(A) 甲　　　　(B) 乙　　　　(C) 丙　　　　(D) 丁

59. 關於該國分離主義運動的屬性與發展，下列哪項詮釋最適當？

(A) 從體制外非法的社會運動，轉爲競爭議席以實現政治主張的合法參與

(B) 從非政府組織推動的體制外抗爭，轉變爲與政府組織合作的公民參與

(C) 從體制外非法的社會運動，轉變爲公民團體推動公投的直接民主訴求

(D) 從非政府組織推動的體制外抗爭,轉型爲取得國家執政權的
主流政黨

60-63 爲題組

◎ 柬埔寨爲中南半島的文明古國,昔稱扶南,後名眞臘、高棉帝國。
眞臘和鄰近的占城、暹羅等地,是宋代成形的「南海貿易體系」
成員,當時中國和東南亞間的貿易商船往來不絕,許多東南亞的
物種隨貿易活動傳入中國。《宋會要》記載:紹興 3 年進口商品
中,以香料、藥材、珍寶爲主。《諸蕃志》也列舉中國商人在眞
臘、占城等 15 個地區販售的商品有瓷器、絲織品、酒、漆器等。
柬埔寨於十九世紀淪爲法國保護國,1953 年才獨立;但獨立後長
年動亂,某國際組織乃通過決議,在該國成立柬埔寨臨時權力機
構,於 1992 年至 1993 年協助該國重建和平政府,舉行自由和公
正的選舉並制定新憲法,使該國恢復正常秩序;這也是該國際組
織第一次接手管理一個獨立國家。該國政局較爲穩定後,臺商也
陸續到該國投資紡織成衣、製鞋、農產、木材加工等產業。請問:

60. 若僅以題文中有關宋代「南海貿易體系」的敘述作爲推論依據,
可直接由上述資料獲得下列哪項結論?
(A) 原產於眞臘、占城,耐旱早熟的占城稻,至宋代才傳入中國
(B) 南海貿易商船多在夏季從中國出發,冬季從東南亞返回中國
(C) 中國的經濟重心南移和造船技術進步是南海貿易發展的基礎
(D) 宋代南海貿易以中國輸出手工業商品、進口原物料商品爲主

61. 題文指出的臺灣相關產業陸續到柬埔寨投資設廠,最適合用下列
哪一概念解釋?
(A) 絕對利益　　　　　　(B) 工業慣性
(C) 區位移轉　　　　　　(D) 工業連鎖

62. 下列何者是題文資訊提及之國際組織所致力的主要工作之一？
    (A) 推動東南亞國家的區域整合
    (B) 通過並推動《兒童權利公約》
    (C) 建立各國貿易爭端解決機制
    (D) 促進亞洲地區社會經濟成長

63. 若根據支出面計算 GDP，則題文中發生的各項政治經濟活動，理論上何者會對柬埔寨該年度的 GDP 上升有直接的影響？
    (A) 1992 年遭國際組織接手管理
    (B) 《諸蕃志》所載的販售活動
    (C) 1953 年脫離法國的獨立運動
    (D) 二十世紀末臺商的經濟行為

64-66 為題組

◎ 圖 9 是 1848 年至 1849 年歐洲一系列武裝革命運動的分布情形，這波革命運動雖然都以失敗告終，但對歐洲的影響卻極為深遠。請問：

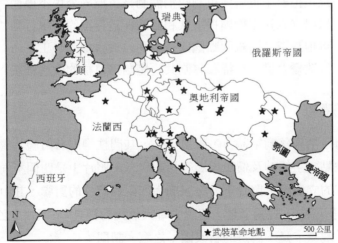

圖 9

64. 歐洲的氣候大致可區分為溫帶海洋性、溫帶地中海型、溫帶大陸性、高地、副極地大陸性、苔原等六個氣候區。1848 年至 1849年發生的系列武裝革命運動，主要集中於哪兩個氣候區？
    (A) 溫帶海洋性氣候區、高地氣候區
    (B) 溫帶大陸性氣候區、副極地大陸性氣候區
    (C) 溫帶地中海型氣候區、溫帶大陸性氣候區
    (D) 溫帶海洋性氣候區、溫帶地中海型氣候區

65. 下列歷史事件中何者深受該系列武裝革命運動的影響？
    (A) 宗教改革的風潮向北歐轉移
    (B) 工業革命漸向歐陸各國擴散
    (C) 殖民擴張成為各國首要目標
    (D) 德國、義大利完成國家統一

66. 在這波革命浪潮中，某國因此產生民選元首，且擴大成年男子的選舉權。雖然該國革命最後以失敗告終，但對歐洲的影響卻甚為深遠。請問，下列敘述何者最能詮釋該國革命的性質？
    (A) 以抗拒君主世襲與專制政治體制為目標的公民不服從
    (B) 以建立人民主權與民主共和體制作為目標的抗爭行動
    (C) 以推翻資產階級壟斷國家權力利益為目標的勞工革命
    (D) 以改變君權、神權和專制共生體制為目標的政治維新

67-69 為題組

◎ 臺灣各地聚落廟宇甚多，規模不一，其門柱均附有對聯，揭示廟宇地點、主祀神及價值規範等相關訊息。照片 1 是四個不同聚落廟宇的立面照，照片下方是該廟大門兩側門柱的對聯，其中照片 1 甲對聯中「鯤鵬」是「傳說中奇大無比的神鳥」；照片 1 乙對聯中「鯤瀛」是「海邊的新家園」之意。請問：

照片 1

67. 哪座廟宇的所在地，早期血緣聚落色彩最為濃厚？
    (A) 甲　　　　　(B) 乙　　　　　(C) 丙　　　　　(D) 丁

68. 從廟宇的主祀神判斷，哪座廟宇所在聚落的清代漢移民，主要來
    自福建漳州府？
    (A) 甲　　　　　(B) 乙　　　　　(C) 丙　　　　　(D) 丁

69. 歷史傳統上常常將國家概念與王權或天下連結，並強調人民對國
    家的義務。下列四座廟宇中，哪座廟宇的門柱對聯最能顯示此種
    傳統的國家與人民關係？
    (A) 甲　　　　　(B) 乙　　　　　(C) 丙　　　　　(D) 丁

70-72 為題組

◎ 某人到非洲某地旅行時 寫道：「從機場到市區的公路寬闊又平整，公路兩邊麥田、葡萄園、橄欖園到處可見。進入市區後，歐式建築相當普遍，中心區的主幹道兩邊有好多露天咖啡館，我挑個位子坐下，一邊品著中東式的濃咖啡，一邊看有軌電車從眼前叮叮噹噹地駛過，感覺簡直和歐洲毫無分別。不過，這裡的咖啡館幾乎全是男性工作人員與顧客，看不到女性。」請問：

70. 該地區最可能位於哪一自然景觀帶？
    (A) 熱帶莽原景觀帶　　　　　　(B) 溫帶常綠林景觀帶
    (C) 溫帶灌木林景觀帶　　　　　(D) 溫帶落葉林景觀帶

71. 該地區農業和市區景觀具有濃厚歐洲色彩，主要和哪些國家的殖民經驗有關？
    (A) 英國、荷蘭、義大利　　　　(B) 荷蘭、德國、西班牙
    (C) 英國、法國、比利時　　　　(D) 法國、西班牙、義大利

72. 根據遊記中描述的咖啡館圖像，下列敘述何者最能說明其背後隱含的性別化意涵？
    (A) 女子從父、從夫的性別角色行為
    (B) 女子無才便是德的性別角色期待
    (C) 男主外、女主內的性別角色分工
    (D) 男陽剛、女陰柔的性別角色氣質

108年度學科能力測驗社會科試題詳解

單選題

1. **D**

　【解析】　依題意判斷「該團體認為，任何勞基法的規定都是不分
　　　　　國籍直接衝擊所有的勞動者」，因此該勞工團體呼籲政府
　　　　　應「允許非國籍人士擁有部分參政權」，選項 (D) 符合題
　　　　　旨。

　　　　　(A) 該勞工團體並非主張不同國籍族群皆享有相同的參政
　　　　　　　權。

　　　　　(B) 無法依題意推論。

　　　　　(C) 公民投票制度為保障國民之直接民權，而非保障住民
　　　　　　　之權利。

2. **C**

　【解析】　依據題意判斷，角色甲代表國家起訴被告，身分為檢察
　　　　　官；角色乙為被告辯護，身分為律師。選項 (C) 正確，
　　　　　律師可接受法律扶助基金會委託，代理民事訴訟案件。

　　　　　(A) 角色甲檢察官無審理行政訴訟職權。

　　　　　(B) 角色甲檢察官無代理民事訴訟案件職權。

　　　　　(D) 角色乙律師無指揮警察調查之權力。

3. **D**

　【解析】　選項 (D) 正確，法律未強制子女從父姓，而社會風俗習慣
　　　　　下所呈現現況仍以從父姓為主，顯見社會習慣之影響力
　　　　　大於法律。

　　　　　(A) 社會現象與法律規定不同，故社會習慣與法律不具一
　　　　　　　致性。

(B) 法律規定優先於習慣法。

(C) 與題意無關。

4. **A**

【解析】 選項 (A) 正確，雙方同居時出生之小孩，結婚後自動「準正」為婚生子女。

(B) 依據法定夫妻財產制，夫妻財產為雙方各自所有，各自獨立管理、使用、收益及處分自己之財產。

(C) 婚姻期間受胎之子女推定為婚生子女，但仍可舉證改變。

(D) 離婚後婚姻關係消滅，夫妻間不再擁有遺產繼承權。

5. **B**

【解析】 選項 (B) 正確，依據刑法「罪刑法定原則」，我國刑法體系並未將「信徒單純違反宗教戒律的行為」入罪化，僅得對行為時違反明文規定之犯罪行為。

6. **B**

【解析】 選項 (B) 正確，依據世界貿易組織（WTO）的「最惠國待遇原則」，會員國對他會員國之優惠待遇，不得較對他國之優惠為低，不得對其他會員國實施差別待遇。甲丙國協商後將關稅調整為 3%，甲對乙國關稅應依據上述原則調整為 3%。乙丙國間關稅協商不對甲與乙丙之關稅產生影響。

7. **B**

【解析】 選項 (B) 正確，從觀察相同價格下，右半部考慮外部效果之需求量大於左半部未考慮外部效果需求量，可據以推

論「社會效益大於私人效益」,具有外部效益。因此,具有外部效益存在時,市場均衡價格過低,市場均衡產量過低。

(A) 市場均衡產量過低。

(C) 與生產成本無關。

(D) 政府施以課稅手段將擴大該外部性。

8. **C**

【解析】 選項 (C) 正確,稅率隨飲料含糖量增加而提高,該政策依「以價制量」手段提高含糖飲料價格降低消費量,與排氣量愈高汽車課徵愈高燃料稅概念相同。

(A) 為負擔能力原則,針對高所得徵收愈高的所得稅。

(B) 針對短期豪宅課徵交易稅,係為增加炒作房地產之成本。

(D) 關稅設定之目的為保護本國產品價格的競爭力。

9-11 為題組

9. **C**

【解析】 選項 (C) 符合題旨,劉致平與山區工人相處後產生改變,開始能用欣賞與理解的態度和工人相處,由此可見個人生命歷程對於生活風格與身分意識的影響力。

10. **A**

【解析】 選項 (A) 符合題旨,依據題文資訊,可知「唱山歌」表達彼此的愛慕與好感,並傳達情人的魅力,可知青年男女藉由唱歌表達對自主情愛關係的嚮往。

11. **C**

【解析】 選項 (C) 符合題旨，劉致平被迫要離開的主要原因是當時「同姓結婚」逾越了劉氏宗親間神聖的血緣紐帶，被社會網絡牢牢籠罩，限制了個人情愛自主與結婚自由。

12-14 為題組

12. **A**

【解析】 選項 (A) 正確，依特定法律管理媒體報導正確性與規定停車場增設親子停車位的管制概念相同。

(B) 免除證券交易所得稅，為促進活絡證券交易市場手段。

(C) 將運動中心授權給民間經營，為 OT 政府委託民間經營模式。

(D) 以保證價格將綠能發電購回，為制定最低價格管制，保護生產者利益。

13. **B**

【解析】 選項 (B) 正確，管制媒體刊登不正確或疏於查證的消息可能侵害媒體新聞自由。

14. **D**

【解析】 選項 (D) 正確，對於報導所提到的利多消息來源不明，閱聽人應予存疑。

(A) 該報導標題與內容有關聯。

(B) 引用的衛福部政府資訊並非不實資訊，未誤導投資人。

(C) 文末「投資定有風險」的警語，與判斷該報導是否不實無必然關係。

15. **A**

【解析】 1954 年換算爲民國 43 年，所以答案選 (A)，東南亞國協成立於西元 1967 年。

16. **D**

【解析】 民國 57 年採取九年義務教育，故答案選 (D)；台灣農業比重是逐年下降；台灣主食仍爲稻米。

17. **B**

【解析】 「天道」爲陰陽家思想，中國傳統融合陰陽家思想爲董仲舒所提的天人感應說，藉此限制君主行爲。

18. **C**

【解析】 英法聯軍後中國開始進行自強運動（1860～1894 年），而自強運動是以器物、國防方向進行規畫。

19. **B**

【解析】 由文章可知，中國對於自己傳統文化思想產生反對，轉爲學習西方文化，此爲清末民初新文化運動全盤西化的基本精神。

20. **B**

【解析】 文章當中提到「當權者只知守舊」，所以要日本當局藉此警惕，因此在明治維新積極全面改革。

21. **C**

【解析】 東南亞和新疆地區都有相同的用語，藉此判斷這兩區曾被同一國家統治，綜合以上敘述可選出阿拉伯，阿拉伯在海外貿易上擴大許多版圖，此外大食帝國時曾經和唐朝打怛羅斯之役於新疆地區取代唐朝成爲共主。

22. **A**

【解析】 關鍵字為「兩地文化差異」，而選項中只有音樂為文化的表現。

23. **C**

【解析】 明末耶穌會傳教士利瑪竇貢獻「萬國輿圖」，因此明神宗後已經有世界各國的基礎認識，故選明末而非清末。

24. **D**

【解析】 關鍵句「仕紳將土地收回轉給其他佃農，進而激起民間廝殺」，由民間廝殺可知這在說明分類械鬥的原因。

25. **C**

【解析】 同時東北、西北、西南都有外患可以知道為北宋，外患分別為遼、西夏、大理。

26. **C**

【解析】 本題重點為「尊重多元族群」，原來是漢人本位的地名（三民、吳鳳）改為原住民用語（那瑪夏、阿里山）。

27. **B**

【解析】 判讀等高線「V」字尖端往高處找出河川位置，而乙位於河川較下游處，且其上游流經崩塌處，故含沙量最高。

28. **C**

【解析】 關鍵字為結合「殖民者西班牙人」帶來的節奏，可知該地應為西班牙人殖民過的中南美洲。

29. **A**

　【解析】　生產自動化為用電腦操控機械，可以降低勞力成本。

30. **C**

　【解析】　利用剖面圖中兩處最低點和中右側最高點判斷，丙路線較符合。

31. **B**

　【解析】　圖中灰色部分位於桃竹苗、台中、南投等山地丘陵地區。其並非易達性高之地區，亦不全位於臺三線兩側。
　　　　　　(B) 原住民鄉鎮區及 (D) 茶園與灰色處皆明顯正相關，但茶園較少位於山頂處，故原住民鄉鎮區會更符合條件。

32. **D**

　【解析】　以經緯線作出網格，每一度距離大約110km，每格面積為110km × 110km，未滿格部分以半格計算，即可估算大約面積。

<u>33-35 為題組</u>

33. **D**

　【解析】　此為龜山島，冬季吹東北風沙尾南移，夏季吹西南風沙尾北移。

34. **C**

　【解析】　龜山島為火山島地形。

35. **C**

　【解析】　觀賞第一道日光要找經度最東側的地點，但乙東側有高地遮蔽視線。

36-37 為題組

36. **A**

【解析】 此為南水北調工程
甲-南部；乙-北部；丙-西南；丁-西北。
（丙丁由地下水使用量判讀可得）

37. **D**

【解析】 該地為中國西北的沙漠氣候，多利用地下水灌溉（坎井），地下水使用量丁＞丙。

38-39 為題組

38. **A**

【解析】 蚵殼由碳酸鈣組成（固碳）；蚵棚為魚蝦棲息地可增加（生態多樣性）。

39. **D**

【解析】 選項(D) 符合題旨，公投案雖未能成立，在爭取提案成立過程中，發起人與當地居民成立公民論壇，當地居民也自發組成社區發展協會，顯現民主審議的歷程、精神以及可能面對的困境。
(A) 此開發案非預算案。
(B) 無從推論人民主權在地方層級是否不容易實踐。
(C) 該案並未進入公投程序，未能證明土地政策爭議必須透過直接民主制度來解決。

40-41 為題組

40. **A**

【解析】 台灣南部政治中心可以知道是荷蘭、明鄭、清領前期。

(B) 大肚王國在台中，並無須越過山脈。此外攻擊村社可以知道爲和原住民爭執，而 (C) 攻打蔡牽也不符合，故選 (A)。

41. **A**

　【解析】　受當地社民以米飯、豬肉、雞肉款待，可以知道當時這個原住民部落已經有農業行爲。

42-43 爲題組

42. **C**

　【解析】　修道院可以判斷是舊教（天主教），而關閉修道院可以得知是和舊教產生衝突，故選宗教改革時期。

43. **D**

　【解析】　選項 (D) 正確，依據所有權社會化原則，爲達公共利益目的且必要時，可限縮私有財產。

　　　　　(A) 敎會雖非屬自然人，法人地位也可擁有財產權。

　　　　　(B) 若英王是合法徵收，並非構成民法上債權債務關係，而是公權力關係。

　　　　　(C) 與物權法定主義無關。

44-45 爲題組

44. **B**

　【解析】　清朝皇帝評論首都，故可知是北京，而華北地區在現代易碰到的問題爲黃河斷流及含沙量大導致水資源不足的狀況。

45. **D**

【解析】 18 世紀時評論「雲帆可轉東吳米」是指用運河運輸，19
世紀下半情況改變則是指開港通商以後，用海運取代運
河運輸。

(A) 美洲作物 16 世紀後期就已經傳入。

(B) 鐵路於 19 世紀晚期興建。

(C) 捻亂並未影響運河航路。

46-47 為題組

46. **A**

【解析】 由文中敘述的空軍基地可以得知並非夏威夷，夏威夷為
珍珠港海軍基地，故選 (A)。

47. **C**

【解析】 關島位於太平洋，周邊國家多屬乙（APEC）、丁
（ASEAN）之成員。

48-50 為題組

48. **A**

【解析】 甲-溫帶沙漠；乙-溫帶大陸；丙-熱帶莽原；丁-溫帶海洋
此湖為鹹海（因大量種植棉花而乾涸），為溫帶沙漠氣
候。

49. **B**

【解析】 依題幹敘述推斷該帝國應為德意志帝國，首都柏林已近
東歐。

50. **C**

【解析】 由作物判斷該地應為中南美洲的熱帶區。

51-53 為題組

51. **A**

【解析】 明清時期來華的傳教士為耶穌會傳教士。

52. **C**

【解析】 由日期判定為夏季，故可以選夏季會出現的東南風。
但也可能於夏季遭遇雷暴雨（夏季易有對流雨）。

53. **D**

【解析】 阿拉伯數字為西方所流通的使用方法。

54-55 為題組

54. **A**

【解析】 甲港購買當地鹿皮、砂糖，可以得知此地為台灣安平。

55. **D**

【解析】 選項 (D) 正確，日本進口鹿皮使價格下降，將使日本鹿皮
市場的消費者剩餘增加。

(A) 廈門絲綢價格較低，適宜出口。

(B) 廈門生產絲綢和瓷器有比較利益；甲港所在地生產砂
糖有比較利益。

(C) 甲港所在地生產鹿肉的機會成本較低（具有比較利
益）。

<u>56-59 為題組</u>

56. **B**

【解析】 選項 (B) 正確，紅黨得票率 36.9%（民意），席次比例卻
高達 50.9%，席次比例與民意出現落差。

(A) 依表判讀，紫黨得票率 0.6%，席次比例卻比得票率
3.8%、12.6% 的靛黨、黃黨多。

(C) 依表判讀，選舉制度雖有利於大黨，選舉結果卻並非
一黨獨大。

(D) 無從推論政黨傾向與主張，是否與國會取得席次產生
關係。

57. **C**

【解析】 此題目所指的國家為英國，而英國於西元 1535 年、1542
年通過《聯合法案》將威爾斯納入版圖，西元 1707 年則
將和蘇格蘭王國合併成大不列顛王國；最後在 1800～
1801 年將愛爾蘭王國聯合形成大不列顛及愛爾蘭聯合王
國；後西元 1922 年愛爾蘭約 5/6 國土獨立，因此再演變
成現今的大不列顛及北愛爾蘭聯合王國。

58. **B**

【解析】 由題幹判斷英國為溫帶海洋性氣候，年溫差小、終年濕
潤為其特色。

59. **A**

【解析】 選項 (A) 符合題旨，該黨早期從事街頭暴力路線，屬於體
制外非法的社會運動，轉型為政黨合法參與競選。

(B) 轉變為組織政黨參與選舉競爭的公民參與。

(C) 轉變為組織政黨參與選舉競爭，並推動公投的直接民
主。

　　　(D) 該黨仍屬少數黨，尚未成為取得國家執政權的主流政
　　　　　黨。

60-63 為題組

60. **D**
　　【解析】 題目所指「南海貿易體系」，因此要選進出口商業貿易的
　　　　　　狀況，故選 (D)。

61. **C**
　　【解析】 將成熟的傳統產業移轉至工資較低廉地區，為區位移轉
　　　　　　的概念。

62. **B**
　　【解析】 選項 (B) 正確，依據題文資訊判斷，該國際組織為「聯合
　　　　　　國」，《兒童權利公約》為聯合國通過並推動之文件。
　　　　　　(A) 東南亞國家國協。
　　　　　　(C) 世界貿易組織。
　　　　　　(D) 亞太經濟合作組會議。

63. **D**
　　【解析】 選項 (D) 正確，依據國內生產毛額的定義，二十世紀末臺
　　　　　　商的生產與投資可直接增加柬埔寨的 GDP。

64-66 為題組

64. **C**
　　【解析】 其地點多為南歐（地中海型氣候）、中東歐（大陸性氣
　　　　　　候）。

65. **D**

   【解析】 1848～1849 年歐洲革命風潮從法國二月革命開始，推翻
   專制王權，進而促進後續民族主義更加興盛，故答案選
   擇 (D)。

   (A) 宗教改革於 16 世紀開發起。

   (B) 工業革命向外擴散自 19 世紀初就從英國往西歐傳
   入。

   (C) 擴張主義主要是 19 世紀後期開始的新帝國主義。

66. **B**

   【解析】 選項 (B) 符合題旨，革命為抗爭行動，而革命後產生民選
   元首，並擴大選舉權，可得判斷為爭取人民主權並以民
   主共和取代原有君主獨裁的國家型態。

   (A) 革命非屬公民不服從。

   (C) 並非推翻資產階級的勞工革命。

   (D) 革命並非政治維新。

67-69 為題組

67. **D**

   【解析】 (D) 的廟宇題辭有提到「林」、「厝」說明是以姓氏作為聯
   繫感情的方式屬於血緣關係為主的情形，故答案選 (D)。

68. **B**

   【解析】 題目詢問來自漳州府的廟宇，(B) 廟宇的題辭中提到「漳
   邑」，由此可知此廟宇是由漳州府的人民所興建，故答案
   選 (B)。

69. **A**

　　【解析】　選項 (A) 符合題旨，依據題意「歷史傳統上常常將國家概
　　　　　　　念與王權結合，並強調人民對國家的義務」判斷，強調
　　　　　　　人民「下對上義務」的國家主權觀，甲圖關鍵字「忠」
　　　　　　　字即代表人民對國家義務的主要表現。

70-72 為題組

70. **C**

　　【解析】　由橄欖園、葡萄園判斷為地中海型氣候，自然景觀為溫
　　　　　　　帶灌木林。

71. **D**

　　【解析】　由地中海作物以及中東風格咖啡判斷，此處為西北非地
　　　　　　　中海沿岸。

72. **C**

　　【解析】　選項 (C) 符合題旨，依據題意「咖啡館幾乎全是男性工作
　　　　　　　人員與顧客」，表示了大多數女性並不會出現公共場合，
　　　　　　　符合男主外、女主內的性別角色分工。

108 年大學入學學科能力測驗試題
自然考科

第壹部分（占 80 分）

一、單選題（占 32 分）

說明：第 1 題至第 16 題，每題均計分。每題有 n 個選項，其中只有一個是正確或最適當的選項，請畫記在答案卡之「選擇題答案區」。各題答對者，得 2 分；答錯、未作答或畫記多於一個選項者，該題以零分計算。

1. 太陽風是太陽表面所噴發出來的高能帶電粒子束。當這些物質到達地球時，時速常超過百萬公里。太陽風與下列哪一現象最有直接關係？

   (A) 潮汐　　(B) 極光　　(C) 日全食　　(D) 流星雨　　(E) 沙塵暴

2. 聖嬰現象是大氣與海洋交互作用下的大自然變化，會導致地球上部分地區短期氣候異常。有關聖嬰現象發生時所伴隨的大氣與海洋變化或影響，下列敘述何者**錯誤**？

   (A) 赤道東風減弱　　　　　　　(B) 赤道東太平洋地區海溫上升
   (C) 南美洲西岸湧升流增強
   (D) 赤道西太平洋地區海水高度降低
   (E) 赤道西太平洋地區降雨量減少

3. 恆星的表面溫度與呈現的星光顏色有關，當我們觀賞夜空中閃爍的恆星，可看出恆星的顏色有白、藍、黃、紅等。下列選項中，顏色產生的原理何者相同？

(A) 恆星與煙花的火光　　　　　(B) 紅色恆星與紅色的火星

(C) 藍色恆星與藍色的花

(D) 紅色恆星與火山熔岩發出的紅光

(E) 藍色恆星與瓦斯燃燒發出的藍光

4. 水深越深，波浪的行進速度越快，然而受海底地形起伏影響，當波浪向海岸傳播時，往往會因速度變慢而產生偏折的現象。圖中虛線為等深線，越靠近海岸水深越淺。灰色實線為海浪的波前，箭頭代表波浪的行進方向，假設海底地形變化皆相同，則下列選項何者為最可能的波浪傳播路徑？

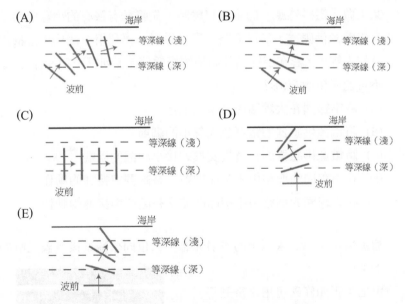

5. 在很多工作環境中，機能衣料提供重要的安全防護，例如：導電性較高的防靜電工作服，可抑制人體及服裝累積靜電荷，以消除或減小靜電放電的危害，因此已成為石油化工業極基本的防護必需品。下列有關防靜電工作服的敘述，何者<u>不正確</u>？

(A) 導電纖維可全部或部分使用金屬或有機物的導電材料製成

(B) 在紡織時按照一定比例均勻混入導電纖維，可製成防靜電織物

(C) 為防止服裝累積靜電荷，可利用具有導電性的織物製作工作服

(D) 導電纖維每單位長度的電阻值越大，越容易使電荷流動而不致累積

(E) 防靜電工作服可利用接地導引電荷或中和放電的方式，防止累積靜電荷

6. 某生做「電磁感應」的示範實驗時，先將具有鐵心的小線圈串接直流電源供應器，形成迴路以產生磁場，再利用一個只串接檢流計的大線圈，套在小線圈外圍檢測應電流。下列哪一項操作方式，**不可能**產生應電流？

(A) 將小線圈在大線圈內外來回抽送

(B) 將電源供應器的電壓忽大忽小的調節

(C) 將電源供應器的正負端交換連接小線圈的兩端

(D) 在小線圈的迴路中串接開關並交替斷開與接通的動作

(E) 在大線圈的迴路中串接開關並交替斷開與接通的動作

7. 圖1為氫、氦、汞原子的發射光譜，三位同學觀察後發表見解如下：

甲生：正如條碼可用來辨識不同商品，不同原子產生的譜線，可用來辨識原子的種類

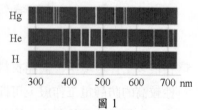

圖1

乙生：不同原子產生的譜線波長不同，是物質呈現不同顏色的主因

丙生：原子僅發射特定波長的光譜線，這是原子具有不連續能階
　　　的證據

哪幾位同學的說法是正確的？

(A) 僅有甲　　　　　(B) 僅有乙　　　　　(C) 僅有丙
(D) 僅有甲丙　　　　(E) 僅有乙丙

8. 某生清晨被鬧鐘喚醒，以電動牙刷洗漱，早餐吃的是烤麵包機烤
　 的吐司。出門搭公車上學時，遇到同學提起，猛然發現忘了整理
　 昨天數學課的筆記，於是拿出手機內建的相機拍攝同學的筆記參
　 考，再使用太陽能電池計算機輔助驗算。在上述過程所應用到的
　 工具中，下列哪一選項中的組合最可能應用到光電效應？

(A) 鬧鐘和電動牙刷
(B) 電動牙刷和公車
(C) 烤麵包機和手機內建的相機
(D) 手機內建的相機和太陽能電池計算機
(E) 烤麵包機和太陽能電池計算機

9. 細菌和人體細胞的構造，有共通性也有歧異性，下列有關兩者的
　 比較何者正確？

(A) 兩者的細胞核中都有粒線體
(B) 兩者的細胞內都有高基氏體
(C) 兩者的細胞質中都有核糖體
(D) 細菌沒有細胞膜，但有細胞壁與外界區隔
(E) 人體細胞沒有細胞壁，內部的次構造皆用膜包圍

10. 圖 2 為人體血液循環系統各部位之相對測量值，序號 1 表示由心
　　臟出發之血管，經序號 2-14 之血管後，再由序號 15 返回心臟。
　　各部位測量之變數包含總截面積、血管壓力及血流速等三項。

各變數之測量值均已標準化為
0~1 之相對數值,下列敘述何
者正確?

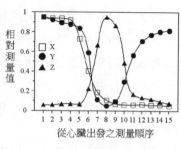

圖 2

(A) 變數 X 為總截面積
(B) 變數 Y 為血管壓力
(C) 變數 Z 為血流速
(D) 血管壓力與總截面積呈負相關
(E) 血流速與總截面積呈負相關

11. 螺旋藻為一種藍綠菌,而小球藻則為一種綠藻,螺旋藻及小球藻
皆被認為富含人體所需的養分。下列有關這兩者的敘述何者正
確?
(A) 兩者皆具葉綠體
(B) 兩者皆行光合作用光反應產生氧
(C) 兩者的細胞壁主要皆由肽聚糖組成
(D) 在三域系統中螺旋藻是細菌,而小球藻是植物
(E) 螺旋藻以葉黃素,而小球藻則以葉綠素為主要光合色素

12. 圖 3 為一般雙子葉植物的種子萌發過程,其上胚軸、下胚軸以及
子葉的相對重量變化相當大。下列選項的三者關係圖(‥‥‥‥ 上
胚軸,━‧━ 下胚軸,━━━ 子葉),何者最合理?

圖 3

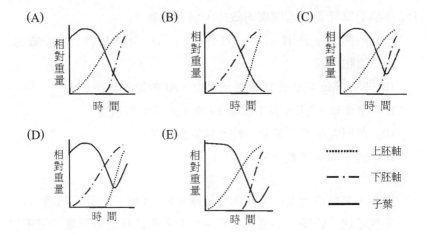

13. 無咖啡因（或低咖啡因）的咖啡，能滿足某些喜歡咖啡的香味、卻不希望攝取過量咖啡因的人們。若欲在實驗室裡，從咖啡豆中將咖啡因分離，可先取一裝有熱水的燒杯，倒入咖啡豆後，緩緩加熱、浸泡咖啡豆一段時間，待冷卻後再將乙酸乙酯加入燒杯中。若欲萃取此混合物中的咖啡因，則下列哪一玻璃器材最適合？（已知咖啡因的熔點為 235-238℃ ）。

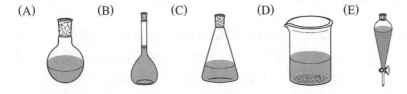

14. 若將等莫耳數的下列化合物完全燃燒，產生二氧化碳與水，則所需消耗氧氣量的大小順序，何者正確？
    (A) 乙醇＞乙烷＞乙酸＞甲醚＝乙炔
    (B) 乙炔＞乙烷＞乙醇＞甲醚＞乙酸
    (C) 乙烷＞甲醚＝乙醇＞乙炔＞乙酸
    (D) 乙炔＝乙烷＞乙醇＞乙酸＞甲醚
    (E) 甲醚＝乙醇＞乙 酸＞乙烷＞乙炔

15. 下列有關元素與週期表的敘述,何者正確?

(A) 兩個水分子 $^1H - {}^{17}O - {}^1H$ 與 $^1H - {}^{16}O - {}^2H$,所含有中子數的總和相同

(B) Na、Mg、Al 三種金屬元素中,Al 的原子半徑最大

(C) 室溫時,VIIA 族(或第 17 族)元素皆是氣體

(D) 週期表左下方元素,較不易失去電子

(E) 鈹(Be)為類金屬元素

16. 電石(又稱電土)的主要成分是碳化鈣(CaC_2),碳化鈣遇水會生成乙炔(C_2H_2)和氫氧化鈣;所產生的乙炔是傳統電石燈和竹筒炮所用的燃料,也可作為水果催熟劑。今有一電石樣品和水反應所產生的氫氧化鈣水溶液,以 1.0 M 鹽酸標準溶液滴定,得知其氫氧根離子的莫耳數為 0.020 mol。試問此電石樣品可製得多少公克乙炔?(C = 12, H = 1.0)

(A) 0.13 (B) 0.26 (C) 0.39 (D) 0.52 (E) 0.65

二、多選題(占 36 分)

說明:第 17 題至第 34 題,每題均計分。每題有 n 個選項,其中至少有一個是正確的選項,請將正確選項畫記在答案卡之「選擇題答案區」。各題之選項獨立判定,所有選項均答對者,得 2 分;答錯 k 個選項者,得該題 $\dfrac{n-2k}{n}$ 的分數;但得分低於零分或所有選項均未作答者,該題以零分計算。

17. 空氣汙染通常發生在低風速且穩定的低層大氣下,空氣汙染物 PM2.5 顆粒沉降速率很小,約 10^{-3} m/s。下列關於臺灣空汙的敘述,哪些正確?(應選 3 項)

(A) 冬天冷高壓籠罩下較容易有嚴重空汙事件

(B) 空汙在梅雨鋒面抵達時較爲嚴重

(C) 空汙在副熱帶高壓籠罩下較爲嚴重

(D) PM2.5 顆粒在 1 公里處高空等速沉降掉落，約需要 10 天

(E) PM2.5 顆粒在 1 公里處高空等速沉降掉落，約需要 1 天

18. 某科幻小說中的情境曾提及月球公轉方向與現在相反，但公轉速率不變。如果此情境爲眞，其他影響潮汐變化的因素亦不改變，則下列敘述哪些正確？（應選 2 項）

(A) 月亮會變成自西方升起，東方落下

(B) 月亮每天會提早約五十分鐘出現

(C) 月亮依然會由東方升起，且不影響潮汐的漲退時間

(D) 對於半日潮的地區，每天滿潮的時間大約會提早五十分鐘

(E) 潮汐變動只影響半日潮地區，全日潮地區完全不受影響

19. 海嘯的破壞力取決於浪高和溯上高度。溯上高度是海嘯到達陸地後隨著地形爬升的高度，有時可數倍於浪高。1958 年 7 月 9 日阿拉斯加發生規模 7.8 的地震，引發山崩，使得逾 3 千萬立方公尺的岩石和冰塊落入阿拉斯加利圖亞灣，由於利圖亞灣爲較封閉海域，海水難以流散，造成溯上高度達 524 公尺的海嘯，是有記錄以來溯上高度最高的海嘯。下列有關發生在阿拉斯加利圖亞灣海嘯的敘述，哪些正確？（應選 2 項）

(A) 此溯上高度最高的海嘯由大地震造成的海床錯動所引起

(B) 海嘯波抵達淺海區時，其浪高會隨著水深的變淺而迅速升高

(C) 數千萬立方公尺的岩石和冰塊落入利圖亞灣，造成 500 多公尺的浪高

(D) 若巨量岩石和冰塊是落入開放海域，則造成的海嘯浪高和溯上高度將會較灣區小

(E) 若海嘯往深海區傳播，其傳播速度較淺海區慢

20. 日、月、地三者的相對位置如圖 4 所示，請問當下地球所見月相
    以及月球東升的大約時刻分別爲何？（應選 2 項：(A)~(C) 選 1
    項，(D)~(F) 選 1 項）

	月相		東升時間
(A)	◑	(D)	正午 12 時
(B)	◐	(E)	下午 3 時
(C)	◔	(F)	下午 6 時

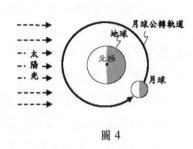

圖 4

21. 密閉的金屬空瓶內裝有氦氣，瓶內外的溫度皆爲室溫，壓力皆爲
    一大氣壓。將該瓶置入沸水中數分鐘，若可忽略金屬瓶內部體積
    的改變，則下列敘述哪些正確？（應選 2 項）
    (A) 置入水中前後，瓶內氣體的分子數不變
    (B) 置入水中後，瓶內氣體的分子數變少
    (C) 置入水中前，瓶內氣體分子的平均動能較大
    (D) 置入水中後，瓶內氣體分子的平均動能較大
    (E) 置入水中前後，瓶內氣體的總動能不變

22. 下列關於自然界基本作用力的敘述，哪些正確？（應選 3 項）
    (A) 摩擦力、正向力的來源都是重力
    (B) 強作用力可以克服原子核中質子之間的靜電排斥力而形成原
        子核
    (C) 單獨的中子並不穩定，由於弱作用力，會自動衰變成質子、
        電子及其他粒子
    (D) 核子間有強作用力可以克服弱作用力，所以原子核中的中子
        極容易發生衰變

(E) 強作用力的作用範圍約與原子核的大小相當，但弱作用力的
　　作用範圍還要更小

23. 國樂音階的五音與頻率的對應如表 1 所示。

表 1

國樂音階	宮	商	角	徵	羽
頻率（Hz）	262	294	330	392	440

經測得「角」音在室溫空氣中傳播時的波長約為 103 公分。若五
音的聲波都在相同狀況的空氣中傳播，則下列有關表 1 國樂五音
的敘述，哪些正確？（應選 2 項）

(A) 「宮」音聲波的傳播速率最慢

(B) 「商」音聲波不會發生干涉現象

(C) 五音的聲波均會發生繞射現象

(D) 在室溫空氣中傳播時，「徵」音的聲波波長較「角」音為長

(E) 在室溫空氣中傳播時，「羽」音聲波的波長約為 77.3 公分

24. 加工食品應詳細列出內容物成分。一般泡麵所示的成分多達 10
種以上，從中摘列常見的 5 項如下，其中哪些內容物主成分為碳
水化合物？（應選 2 項）

(A) 麵粉　　　　　　(B) 棕櫚油　　　　　　(C) 蔗糖

(D) 味精　　　　　　(E) 大豆卵磷脂

25. 某生於探討活動時，觀察某植物器官
（圖 5）後，寫出記錄及推測如下，
其中敘述哪些正確？（應選 2 項）

(A) 此植物葉片較可能具網狀脈

(B) 甲為水分主要運輸區域

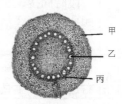

圖 5

(C) 乙可運送無機鹽類　　　　(D) 丙具不透水的細胞壁

(E) 是植物莖部的橫切面

26. 腎臟構造及功能之基本單元為腎元。圖6為腎元之示意圖，下列有關腎臟及腎元之敘述，哪些正確？

（應選2項）

(A) V 是小動脈進出腎元的門戶

(B) W 主要行分泌作用

(C) X 細胞位於腎盂

(D) Y 細胞位於腎髓質

(E) Z 處主要再吸收氫離子

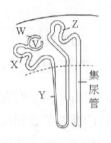

圖6

27. 為了解植物向光性的調控，科學家運用植物生長素可以穿透洋菜膠，但不可穿透雲母片之特性進行6個實驗，所得結果如表2。

表2

	實驗	結果
1	在頂芽之下以不透光布包覆芽鞘周圍	表現向光性
2	頂芽以不透光罩子罩住	無向光性
3	頂芽與芽鞘間以洋菜膠塊區隔	表現向光性
4	頂芽與芽鞘間以雲母片區隔	無向光性
5	將頂芽切下，放於洋菜膠塊上，一段時間後，在黑暗中將此洋菜膠塊置於去除頂芽的芽鞘頂端之右邊	向左彎曲生長
6	黑暗中，在去除頂芽的芽鞘頂端右邊放置含生長素的洋菜膠塊	向左彎曲生長

從表2實驗結果判斷下列敘述哪些正確？（應選3項）

(A) 實驗 4 若改將雲母片隔在向光面與背光面間，芽鞘仍無向光性表現

(B) 實驗 5 若改在光照環境下進行會有不同的結果

(C) 實驗 6 中若將洋菜膠塊置於中間，芽鞘仍會彎曲

(D) 頂芽可能會產生生長素，流入芽鞘影響生長

(E) 頂芽細胞具感光能力

28. 電腦圍棋曾以三連勝擊敗世界圍棋排名第一的棋手，在人工智慧的演算法上是一項重要的里程碑。電腦圍棋以摹仿生物體神經系統的人工神經網路（Artificial Neural Network, ANN）為主要結構，ANN 常常應用於機器學習和認知科學領域。ANN 設定其基本元件等同於生物神經元，以摹仿生物神經系統的結構和功能。此元件之示意圖如圖 7，其中 $X_1 \sim X_n$ 為輸入向量之分量；$W_1 \sim W_n$ 為輸入 Y 之權值，M 為人工神經元之輸出，Z 為動作。下列有關此基本元件與生物神經元之類比敘述，哪些正確？（應選 2 項）

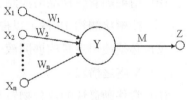

圖 7

(A) $X_1 \sim X_n$ 相當於 Y 的軸突輸入量

(B) $W_1 \sim W_n$ 訊息傳至 Y 相當於生物神經元間的突觸傳遞

(C) Y 相當於生物神經元之細胞本體

(D) M 如同樹之主幹，相當於神經細胞之樹突

(E) Z 相當於神經系統的受器

29. 液化石油氣（又稱桶裝瓦斯）的主要成分為丙烷與丁烷，而天然氣的主要成分為甲烷。下列有關液化石油氣與天然氣的相關敘述，哪些正確？（應選 3 項）

(A) 液化石油氣與天然氣的密度皆比水小

(B) 若液化石油氣所含丙烷之比例愈高，則其沸點就愈高

(C) 常溫常壓下，甲烷、丙烷與丁烷皆為氣體

(D) 相同莫耳數的液化石油氣與天然氣完全燃燒時，天然氣所釋出的能量較多

(E) 甲烷、丙烷、丁烷三者含碳的重量百分率逐漸增加

30. 濾紙層析是分離混合物的一種簡便方法。首先用鉛筆在長條形濾紙上，距上、下緣適當距離處（約 1 公分）各劃一條細線（如圖 8 的 X、Y 橫線）；然後用毛細管在 Z 處點好樣品後，再放入裝有適當展開液之展開槽中進行分離。下列有關濾紙層析之原理及操作，哪些選項正確？（應選 2 項）

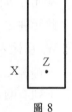

圖 8

(A) 濾紙層析是利用混合物中各成分物質的性質差異（如對濾紙之吸附力）達到分離效果

(B) 用毛細管將樣品溶液點在濾紙上的 Z 點時，須持續接觸約 10 秒，以提高樣品含量

(C) 必須使用足量的展開液，使其液面剛好接觸到 X 處之橫線

(D) 當移動最快的成分物質到達 Y 處之細線時，即可停止展開

(E) 改變展開液的成分可改變混合物的分離效果

31. 鉛蓄電池（又稱鉛酸電池）是汽機車主要的電源，是以金屬鉛及二氧化鉛作為電極，而以 30% 的硫酸作為電解液。已知鉛蓄電池放電時，其反應如下：

$$Pb(s) + PbO_2(s) + 2H_2SO_4(aq) \rightarrow 2PbSO_4(s) + 2H_2O(l)$$

下列有關鉛蓄電池的敘述，哪些正確？（應選 3 項）

(A) 鉛蓄電池放電時，陽極之重量會減少

(B) 鉛蓄電池放電時，陰極之重量會增加

(C) 隨著鉛蓄電池放電，硫酸溶液的濃度會降低

(D) 鉛蓄電池充電時，氧化劑和還原劑是同一種物質

(E) 鉛蓄電池故障報廢時，應交由垃圾車送至掩埋場棄置

32. 某生想利用圖 9 的燃燒分析實驗裝置，推導出某一僅含碳、氫、氧三種元素化合物的實驗式。實驗中利用丙、丁兩支吸收管，其中一支填充過氯酸鎂（吸收水分），另一支填充氫氧化鈉（吸收二氧化碳）。稱量兩支吸收管燃燒前後重量差，即可分別算出生成的水及二氧化碳重量，進而求出各元素之重量百分率，最後求得實驗式。為了使未知化合物燃燒完全，通常需使用氧化銅。下列針對圖 9 的實驗裝置中甲、乙、丙及丁處所應放置的物質及其功用的敘述，哪些正確？（應選 2 項）

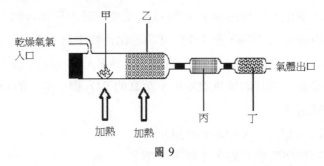

圖 9

(A) 氧化銅應放於乙處　　　　　(B) 氧化銅為還原劑

(C) 過氯酸鎂應放於丁處　　　　(D) 氫氧化鈉應放於丁處

(E) 實驗前後，需分別稱得氧化銅、過氯酸鎂及氫氧化鈉的重量，才能推算出碳、氫、氧三元素的重量

33. 圖 10 為硝酸鉀（KNO_3）在不同溫度之水中的溶解度（定義為每100 公克水所能溶解之硝酸鉀公克數）。王同學在 26℃ 時，將 30公克硝酸鉀加入 50 公克水中，充分攪拌以達成溶解平衡。下列敘述哪些正確？（應選 3 項）

(A) 當混合液達成溶解平衡時，尚有 10 公克的硝酸鉀未溶解

(B) 再加入 25 公克水，可
使硝酸鉀完全溶解，
形成飽和溶液

(C) 在飽和溶液中，加入
愈多的水，硝酸鉀在
水中的溶解度愈大

(D) 若將原混合液加熱至
38℃ 時，則硝酸鉀剛
好可完全溶解，形成飽和溶液

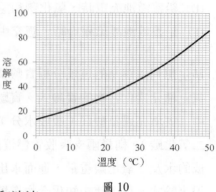

圖 10

(E) 若將原混合液降溫至 20℃ 時，則可再析出 6 公克的硝酸鉀

34. 甲和乙兩化合物皆由元素 R 和 Q 所組成，其中甲化合物中 Q 的
重量百分率為 20%，而 1.4 公克的乙化合物中含有 1.2 公克的 R；
若甲的分子式為 R_2Q_6，而乙的分子式為 R_2Q_a，且乙一莫耳完全
燃燒需要 x 莫耳的氧氣並產生 y 莫耳的 RO_2 與 z 莫耳的 Q_2O，其
反應式為：

$$乙 + x\,O_2 \rightarrow y\,RO_2 + z\,Q_2O$$

則下列哪些選項正確？（應選 3 項）

(A) a＝2　　(B) x＝3　　(C) y＝2　　(D) z＝4　　(E) x＋y＋z＝7

三、綜合題（占 12 分）

說明：第 35 題至第 40 題，每題 2 分，每題均計分，請將正確選項
　　　畫記在答案卡之「選擇題答案區」。單選題答錯、未作答或
　　　畫記多於一個選項者，該題以零分計算；多選題每題有 n 個
　　　選項，各題之選項獨立判定，答錯 k 個選項者，得該題 $\dfrac{n-2k}{n}$
　　　的分數；但得分低於零分或所有選項均未作答者，該題以零
　　　分計算。

35-36 為題組

科學的進步有賴科學研究者的投入，能留名科學史的往往是有新發現或開創新領域的科學家，他們的創新性貢獻常能提升大眾的生活水準，造福全人類。

35. 下表所列各科學家與其在物理學上主要貢獻（甲）至（戊）的對應，何者最為恰當？

（甲）發現造成月亮繞地球運行與造成地球上自由落體的力，是同一來源。

（乙）首位提出物質波新學說。

（丙）發現不僅電流會產生磁場，隨時間變化的磁場也能產生電流。

（丁）發現兩帶電質點間的作用力與距離的關係和萬有引力的形式相同。

（戊）提出光子假說解釋光電效應。

物理學家	庫侖	法拉第	德布羅意	牛頓	愛因斯坦
(A)	甲	乙	丙	丁	戊
(B)	丁	丙	乙	甲	戊
(C)	丙	甲	戊	丁	乙
(D)	戊	乙	甲	丁	丙
(E)	乙	丙	戊	甲	丁

36. 下列科學家與其在生物學上的主要貢獻（甲）至（戊）的對應，何者最為恰當？

（甲）發現單細胞生物和細菌　　（乙）發現多細胞生物之細胞

（丙）動物體皆由細胞組成

（丁）說明目前之物種由前一物種分歧而來

（戊）證實生物體之性狀由親代傳至子代，等位基因不變，基因
型則有時不同

生物學家	達爾文	虎克	雷文霍克	孟德爾	許旺
(A)	丁	乙	甲	戊	丙
(B)	丙	丁	乙	甲	戊
(C)	戊	丙	丁	乙	甲
(D)	甲	戊	丙	丁	乙
(E)	乙	甲	戊	丙	丁

37-38 為題組

颱風之風雨往往對臺灣造成巨大災害，因此對颱風特性的了解是重
要的。

37. 圖 11 為某次颱風中心位置隨著日期
變化的路徑圖（每日凌晨 2 時開始
記錄，每 6 小時記錄一次）。自 08/
06 凌晨 2 時至 08/11 凌晨 2 時期間，
該颱風中心移動的平均速率隨著時
間變化的趨勢曲線，最接近下列何者？

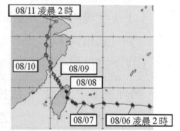

實心點表示強烈或中度颱風
空心點表示輕度颱風

圖 11

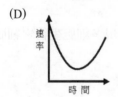

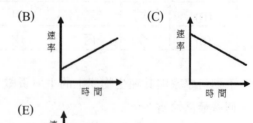

38. 某次颱風登陸臺灣前某一時刻的地面天氣簡圖如圖 12 所示，其中等壓線間距為 4 百帕（hPa），甲地位於颱風中心，乙、丙兩地則位於颱風東側。甲、乙、丙三地的風速依序最可能為多少公尺/秒？

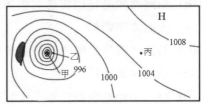
圖 12

(A) 3，35，12
(B) 15，20，25
(C) 0，45，45
(D) 40，25，10
(E) 0，25，40

39-40 為題組

科學家發現當物體的尺寸縮小後，其性質往往變化很大，甚至產生新現象。原因之一是物體的體積變小時，其表面積 A 與體積 V 的比值（A/V）會增大，且其表面原子數 n 與內部原子數 N 的比值（n/N）也隨之增大，此為奈米科技的表面效應。

39. 一半徑為 100.0 nm 的實心鐵球的 n/N 值，是半徑為 1.0 cm 的實心鐵球的 n/N 值之多少倍？
(A) 10^{-7}　　(B) 10^{-5}　　(C) 10　　(D) 10^5　　(E) 10^7

40. 圖 13 為某大洋的可見光衛星影像，影像中的雲是在大氣底部接近海洋表面的低雲，其雲內液態水含量在空間上相當均勻沒變化。影像中線狀較亮的雲是因船舶航運所產生的船跡，較亮表示船跡的雲比較會反射陽光。一般而言，雲內雲滴顆粒的總表面積愈大的雲反射陽光能力愈強。船跡產生的原因是船舶煙囪排放出許多小顆粒汙染物，會使船經過的雲內產生更多小雲滴顆粒，因此 A/V 比值隨雲滴體積變小而增大。下列敘述哪些正確？（應選 2 項）

(A) 船跡雲較亮是因船煙囪排放許
多水氣，使其雲內的液態水含
量較周圍的雲多

(B) 船跡雲較亮是因雲含有更多的
大的雲滴顆粒

圖 13

(C) 船跡雲較亮是因雲含有更多的
小的雲滴顆粒

(D) 單一小顆粒雲滴比單一大顆粒雲滴更會反射太陽光

(E) 人類活動排放小顆粒汙染物可以增加雲的陽光反射

第貳部分 (占 48 分)

說明：第 41 題至第 68 題，每題 2 分，請將正確選項畫記在答案卡
之「選擇題答案區」。單選題答錯、未作答或畫記多於一個
選項者，該題以零分計算；多選題每題有 n 個選項，各題之
選項獨立判定，答錯 k 個選項者，得該題 $\dfrac{n-2k}{n}$ 的分數；但
得分低於零分或所有選項均未作答者，該題以零分計算。此
部分得分超過 48 分以上，以滿分 48 分計。

41-42 為題組

地球的氮循環是由生物及非生物系統合一的一系列過程來完成。此
過程通過大氣、陸地及海洋生態系進行一系列氧化還原反應將氮化
合物轉換，如圖 14。

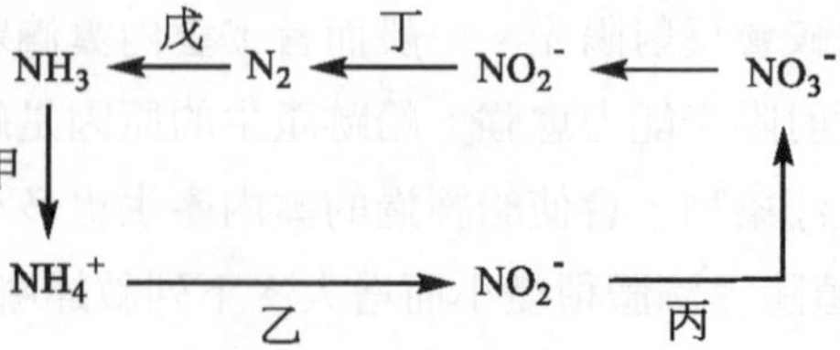

$$NH_3 \xleftarrow{\ 戊\ } N_2 \xleftarrow{\ 丁\ } NO_2^- \longleftarrow NO_3^-$$

$$NH_3 \xdownarrow{甲}$$

$$NH_4^+ \xrightarrow[\ 乙\ ]{} NO_2^- \xrightarrow[\ 丙\ ]{}$$

圖 14

41. 圖 14 中有數個氧化還原反應，哪些選項正確？（應選 2 項）

    (A) 甲-氧化   (B) 乙-還原   (C) 丙-氧化

    (D) 丁-還原   (E) 戊-氧化

42. 圖 14 中的轉換反應有些需要酵素在生物體內完成，方可達成氮循環，下列有關轉換過程的敘述，哪些正確？（應選 3 項）

    (A) 含有根瘤菌的菌根將硝酸鹽還原為亞硝酸鹽

    (B) 海洋中的固氮作用由藍綠菌完成

    (C) 氨化作用是指將 N_2 轉化為 NH_3

    (D) 硝化作用可將 NH_4^+ 氧化為 NO_2^-

    (E) 脫氮細菌的還原作用使氮回到大氣

43-44 為題組

由布設在臺灣的全球衛星定位系統（GPS）地面觀測站，可以估算臺灣現今的地殼變形量。圖 15 中之箭號為各測站相對於澎湖測站 S01R 的移動速度。測站 2、3、4 及 5 分別位於花東縱谷斷層的兩側。地殼變形的速率非常緩慢，地球科學家常以兩測站的速率差值除以測站距離，得到應變率，單位為 1／秒，可估算地殼的變形速率。

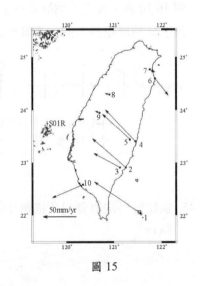

圖 15

43. 根據圖 15 測站的移動速度，下列敘述哪些正確？（應選 2 項）

    (A) 所有的測站都向大陸靠近，因為菲律賓海板塊以每年約 8 公分的速度向歐亞板塊碰撞

(B) 測站 6 和 7 之間的距離加大，此區域以伸張變形為主

(C) 測站 4 和 5 之間的距離加大，縱谷斷層以伸張變形為主

(D) 測站 2 和 3 之間的距離減小，縱谷斷層以壓縮變形為主

(E) 臺灣地區地殼變形狀況很均勻一致，東部與西部無明顯差異

44. 若以測站 1 和測站 S01R 的距離為 250 公里，測站 1 相對於 S01R 的速率每年 8 公分，其應變率最接近何值（單位為 1/秒，1 年約有 3.15×10^7 秒）？

(A) 10^{-8} 　　(B) 10^{-10} 　　(C) 10^{-12} 　　(D) 10^{-14} 　　(E) 10^{-16}

45-46 為題組

地質學家沿著地面 PP′ 路線進行地質調查，記錄了野外地質資料如圖 16 所示，其中「地層走向」為地層面與水平面的交線，「地層傾角」為地層傾斜方向，及其層面與水平面的最大交角：

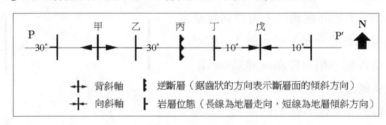

圖 16

45. 根據野外地質資料所描繪出的地質剖面圖，下列何者正確？

(A)

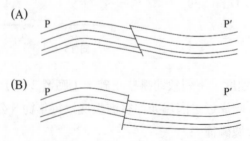

(B)

(C)

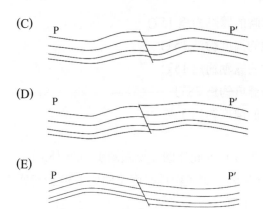

(D)

(E)

46. 地質研究人員進行油氣探勘作業時，由於油氣密度較小、較輕，會沿著地層孔隙向上移動，岩層的上方必須有低孔隙、低滲透率的封閉岩層，形成良好的封閉地質構造，防止油氣向地表逸散。依此地質調查而言，下列哪一選項中的地質構造可能有油氣的蘊藏？

(A) 甲及丙　(B) 乙及丙　　(C) 丙及戊　(D) 甲及戊　(E) 乙及丁

47. 如果不與外在環境交換能量，當未飽和時，一個空氣塊每上升 1000 m，其溫度會降低約 10℃，露點會降低約 2℃；而飽和後，每上升 1000 m 其溫度會降低約 5℃。如圖 17，有一座高度 2000 m 的山，氣流在迎風面受地形抬升、沿坡面上升，當水氣達到飽和後，開始成雲和降水。如果在迎風面山腳下（甲地）觀測到氣溫為 30℃，露點為 22℃。假設空氣塊由甲地到達山頂（乙地），再下降到背風面山腳下（丙地）的過程，不與外在環境交換能量，則下列敘述哪些正確？（應選 3 項）

圖 17

(A) 空氣塊開始成雲時的露點約為 15℃

(B) 空氣塊到達乙地的溫度約為 15℃

(C) 空氣塊到達乙地的露點約為 15℃

(D) 空氣塊到達丙地的溫度約為 28℃

(E) 空氣塊到達丙地的溫度約為 35℃

48. 海水密度隨鹽度與溫度變化的關係圖（溫鹽圖）如圖 18 所示。鹽度為 X 軸，溫度為 Y 軸，等值線為密度（例如，30 表示密度為 1030 kg/m³）。若以下選項中五個垂直剖面的溫度和鹽度值都在溫鹽圖的範圍內，且壓力對密度的影響極小，可忽略不計，則哪個選項中的水體垂直穩定度最高（密度向下遞增，且上下密度差最大）？

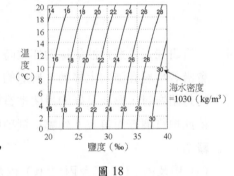

圖 18

(A)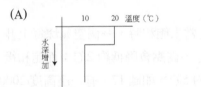

(B)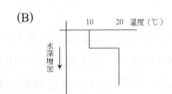

(C)

(D)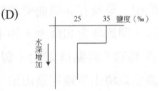

(E)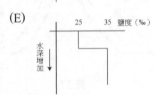

49. 地中海因其年平均的蒸發量大於降雨量，所以地中海海水的鹽度
高於大西洋。地中海與大西洋的海水在直布羅陀海峽交換，其流
量與鹽度的垂直剖面示意圖如圖 19，其中從大西洋流入地中海的
入流量為 Q1，鹽度為 S1。從地中海流出的出流量為 Q2，鹽度為
S2。假設出、入流的溫度相同，且蒸發效應不可忽略，則下列何
種組合能夠滿足地中海的海
水體積與鹽度維持不變？

(A) S1＝S2，Q1＝Q2
(B) S1＝S2，Q1＞Q2
(C) S1＜S2，Q1＝Q2
(D) S1＜S2，Q1＜Q2
(E) S1＜S2，Q1＞Q2

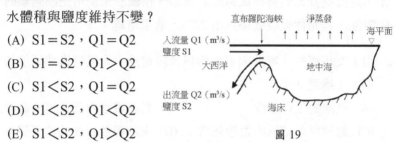

圖 19

50. 一艘探勘潛艇失去推進動力，只能利用進水、排水以控制潛艇的
下潛或上浮。在上浮過程中，為了避免上升速度過快，導致人體
難以承受壓力驟變，工作人員於是進行潛艇減速。已知該水域水
體靜止，且潛艇在進水或排水後的總質量皆可視為 m，所受浮力
的量值為 F_B、垂直阻力的量值為 F_R，而重力加速度的量值為 g，
則在潛艇沿垂直方向減速上升的過程中，下列關係何者正確？

(A) $F_B + F_R = mg$　　(B) $F_B - F_R = mg$　　(C) $F_B - F_R < mg$
(D) $F_B + F_R < mg$　　(E) $F_B - F_R > mg$

51. 同步衛星繞地球運行的週期和地球自轉的週期相同。若部署一顆
與同步衛星質量相同的新衛星，使其繞行地球一次的時間約為 3
小時，且兩顆衛星的軌道均為圓形，則該新衛星所受的重力量值
約是同步衛星的多少倍？

(A) 16　　　(B) 8　　　(C) 1　　　(D) 1/8　　　(E) 1/16

52-53 為題組

科學家發現光碟表面的微結構能提升太陽電池吸收日光的效率。如果先利用高分子材料將光碟表面的結構轉印下來，再轉移至太陽電池上，此微結構的尺寸介於 150 至 250 nm 間，不但可讓入射光線在元件內部的移動距離增長，並且可使元件吸收幾乎全部波段的日光，進而提升光能轉換成電能的效率，相較於未使用光碟圖案的太陽電池，其元件吸收效率高出 22%，效果卓越。

52. 由上文可得知，哪些因素會影響太陽電池由光能轉換成電能的效率？（應選 2 項）
    (A) 電池的工作溫度
    (B) 光在電池內部行經的路徑長
    (C) 電池內外結構的電阻係數
    (D) 電池吸收日光的波長範圍
    (E) 太陽與電池之間的距離

53. 光碟面之微結構的尺寸，約為一個氫原子直徑的多少倍？
    (A) 0.1　　　(B) 1　　　(C) 10　　　(D) 1000　　　(E) 10000

54-56 為題組

一座水庫的蓄水量與從壩底算起的水位關係如表 3 所列，水位 250 公尺時為滿水位。在滿水位下方 120 公尺處，設置壓力水管將水引入發電機，進行水力發電，發電機位於滿水位下方 160 公尺處，如圖 20 所示，且越接近壩底，水壩的厚度越厚。（取重力加速度 g 為 10 m/s^2，水的密度為 1.0 g/cm^3）

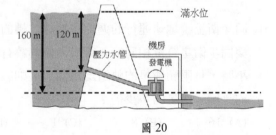

圖 20

表 3　水庫水位與蓄水量

水位（公尺）	220	225	230	235	240	245	250
水量（百萬立方公尺）	1063	1084	1110	1140	1176	1217	1264

54. 依據圖 20 所示的水力發電設計，就能量轉換的觀點，下列敘述何者正確？
    (A) 水的熱能轉換成電能　　　　(B) 水的化學能轉換成電能
    (C) 水的重力位能轉換成電能　　(D) 電能轉換成水的力學能
    (E) 水的彈性位能轉換成電能

55. 滿水位時，水庫水面的面積最接近多少百萬平方公尺？
    (A) 15　　　(B) 9.4　　　(C) 6.5　　　(D) 5.1　　　(E) 0.10

56. 已知發電廠設計的水流量為 30 m^3/s，若本發電裝置僅可將水力所提供能量的 25% 轉換為電能，且水庫在維持滿水位情況下發電，則本發電廠的最大發電功率約為多少？
    (A) 12 MW　(B) 4 MW　　(C) 12 kW　　(D) 4 kW　　(E) 1.5 kW

57. 圖 21 之甲、乙兩圖為某性狀之異型合子（H）經雜交（即 H × H）試驗後，其子代（F）表現型之相對頻率分布圖。若依照孟德爾之遺傳法則推理，則甲、乙圖之遺傳類型依序屬於下列何者？

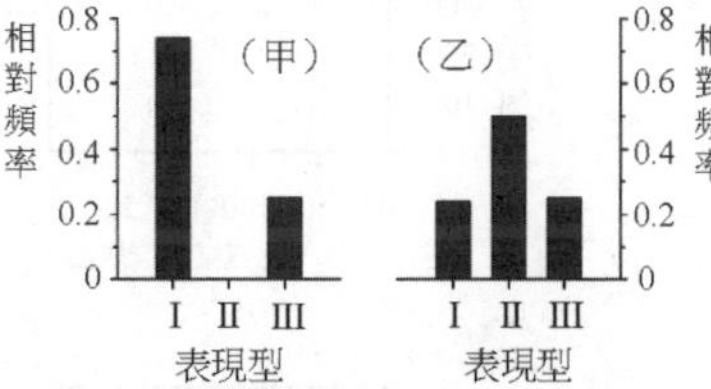

    圖 21

    (A) 甲為單基因遺傳、乙為多基因遺傳
    (B) 甲為單基因遺傳、乙為中間型遺傳
    (C) 甲為中間型遺傳、乙為多基因遺傳
    (D) 甲為多基因遺傳、乙為中間型遺傳
    (E) 甲為二基因遺傳、乙為三基因遺傳

58. 一個 DNA 分子有兩股多核苷酸鏈。若某 DNA 片段經定序後，計算其中一股的鹼基百分率組成，發現腺嘌呤（A）為 32%，則推論此 DNA 的另一股上，胸腺嘧啶（T）所占之百分比（%）為何？

(A) 16　　　(B) 18　　　(C) 24　　　(D) 32　　　(E) 36

59. 某實驗測定洋蔥根尖細胞中 DNA 的含量，得細胞數-DNA 含量的分布圖如圖 22。若改以成熟的洋蔥胚乳進行測定，則下列何圖為最可能結果？

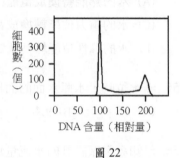

圖 22

(A)
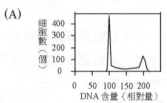

(B)
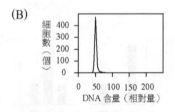

(C)
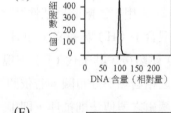

(D)
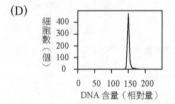

(E)
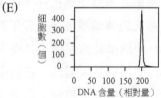

60. 現生的不同物種都是經過分歧演化而來，因此物種或類群間的分歧順序可以用樹及樹枝的關係來表示，稱之為生命樹。下列構成生物體之自然分群及群間關係的生命樹，何者正確？

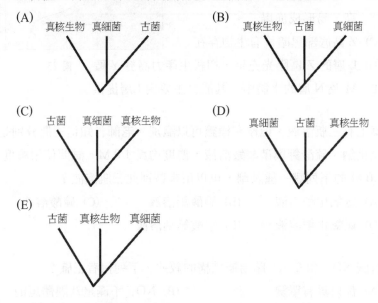

61. 互利共生是兩物種共同生活，且以互蒙其利為關係。下列哪些結合可以達成互利關係？（應選 3 項）
    (A) 榕樹、蕨類：前者提供生活的住所，後者提供碳源
    (B) 豆科植物、根瘤菌：前者提供碳源，後者提供氮源
    (C) 地衣中的藍綠菌、真菌：前者提供碳源，後者提供水與礦物質
    (D) 珊瑚礁的珊瑚蟲、藻類：前者提供棲所，後者提供碳源
    (E) 北美的山貓、雪靴兔：前者提供棲所空間，後者提供食物

62. 海洋面積占地球表面的 70%，剖面如圖 23 所示，所形成的生態系受深度 L, M & N 及離岸遠近 X, Y & Z 左右，並且各具特色。下列有關各種海洋生態特性之敘述，哪些正確？（應選 2 項）

(A) X 區會曝露在空氣中，附著
　　性生物不能生存

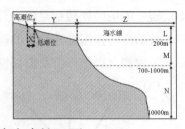

(B) Y 區陽光充足，初級生產力
　　高，易形成漁場

(C) Z 區底部黑暗沒有生物存在

(D) L 層的 Z 區陽光充足，初級生產力高於 Y 區　　圖 23

(E) M 及 N 層的水體中，其能量主要由 L 層提供

63. 桌上有三瓶溶液，但沒有標籤可以識別。老師告知這三瓶分別是
　　氯化鈉、硫酸鉀與硝酸銨溶液，濃度均為 1.0 M。試問使用濃度
　　1.0 M 的下列哪一種試劑，可以用來區別此三瓶溶液？
　　(A) 氫氧化鈉溶液　　　(B) 硝酸銀溶液　　　　(C) 硫酸溶液
　　(D) 氫氧化鋇溶液　　　(E) 碳酸氫鈉溶液

64. 有關 NO_3^- 和 CO_3^{2-} 路易斯結構的敘述，下列何者正確？
　　(A) 都只具有單鍵　　　　　　(B) NO_3^- 不滿足八隅體規則
　　(C) 中心原子都具有孤對電子　(D) 二者的孤對電子數不同
　　(E) 二者的總電子數相同

65. 下列 8 類有機化合物：烷、烯、醇、醛、酮、酯、羧酸、醯胺，
　　其最簡單成員之分子式含有兩個碳原子者，共有幾類？
　　(A) 2　　　　(B) 3　　　　(C) 4　　　　(D) 5　　　　(E) 6

<u>66-67 為題組</u>

為了避免農田長滿的雜草與農作物競
爭養分，農家常以主要成分為草甘膦
的除草劑去除雜草。草甘膦的分子結
構如圖 24 所示。

圖 24

66. 下列選項中，哪一個物質的組成元素與草甘膦分子中的組成元素種類相同？

(A) 胺基酸　(B) 葡萄糖　(C) 核苷酸　(D) 脂肪酸　(E) 蔗糖

67. 草甘膦分子中含有下列哪些官能基？（應選 2 項）

(A) 羥基　　(B) 羧基　　(C) 胺基　　(D) 醯胺基　(E) 酯基

68. 林同學在實驗室進行界面活性劑實驗，其步驟如下：

步驟 1：取紅色油性染料 1.0 mL 加入一裝有 20.0 mL 石油醚的燒杯中形成紅色溶液甲。

步驟 2：取溶液甲 2.0 mL 加入試管後，再加入 2.0 mL 的蒸餾水，套上塑膠蓋，搖晃試管後，靜置三分鐘，觀察並記錄試管內溶液混合後的狀況。

步驟 3：取肥皂水 3.0 mL 加入步驟 2 的試管中，套上塑膠蓋，搖晃試管後，靜置三分鐘，觀察並記錄試管內溶液混合後的狀況。

步驟 4：取飽和氯化鎂溶液 3.0 mL 加入步驟 3 的試管中，套上塑膠蓋，搖晃試管後，靜置三分鐘，觀察並記錄試管內溶液混合後的狀況。

下列針對此實驗過程的敘述，哪些正確？（應選 3 項）

(A) 步驟 2 中，試管內分成兩層，界面清楚，紅色在上層而下層無色

(B) 步驟 2 中，試管內分成兩層，界面清楚，水在上層而下層為石油醚

(C) 步驟 3 中，試管內分成兩層，界面清楚，紅色在下層而上層無色

(D) 步驟 3 中，試管內上下層界面不清楚，整支試管呈淡紅色

(E) 步驟 4 中，試管內分成兩層，紅色在上層而下層無色

108年度學科能力測驗自然科試題詳解

第壹部分

一、單選題

1. **B**

　　【解析】　極光是太陽風穿過地球磁場後與高層大氣中原子碰撞
　　　　　　　產生的現象。
　　　　　　　(A)、(C) 潮汐、日全食均受日、月、地運動影響。
　　　　　　　(D) 流星雨是彗星碎屑經大氣層燃燒的現象。
　　　　　　　(E) 為地表上的作用。

2. **C**

　　【解析】　聖嬰現象為東風減弱，甚至轉為西風，赤道東太平洋
　　　　　　　地區的湧升流驟減，海水溫度升高，形成低壓帶，降
　　　　　　　雨倍增。赤道西太平洋地區則恰好相反，海水溫度降
　　　　　　　低，形成高壓帶導致乾旱、森林大火。
　　　　　　　(C) 南美洲西岸屬東太平洋區，聖嬰年時湧升流幾近
　　　　　　　　　消失。

3. **D**

　　【解析】　恆星顏色與表面溫度有關，物體表面溫度越高，其單
　　　　　　　位面積發光強度越強。此題應選擇溫度極高的發光現
　　　　　　　象，因此選 (D)。

4. **B**

　　【解析】　水波波速在淺水區比較慢，在速率較小的介質中，折
　　　　　　　射角比入射角小，選 (B)。

5. **D**

【解析】　電阻值若越大，應會使得電荷受阻，較不易移動。

6. **E**

【解析】　通過大線圈內的磁場若有變化，方有感應電流，若僅在大線圈串接開關並交替斷開與接通並不會有電磁感應的現象。

7. **D**

【解析】　不同原子的能階不同，因此其光譜線的分布也會不同，與物質顏色無關，每一種原子能階不同，由高能階放出的光子不會是連續性的。

8. **D**

【解析】　太陽能電池：由光能轉換為電能，再由電能轉換為化學能儲存在電池中。

相機：光成像於鏡頭中，將成像由光能轉換為電子訊號使我們能預覽、儲存照片。

9. **C**

【解析】　細菌為原核生物，因此無細胞核與膜狀胞器；
而人類為真核生物，具有細胞核與膜狀胞器。

(A) 細菌無粒線體，人體體細胞有粒線體。

(B) 細菌無高基氏體，人體體細胞有高基氏體。

(C) 兩者皆有核醣體協助轉譯作用。

(D) 細菌具有細胞膜與細胞壁。

(E) 人體不具有細胞壁，而內部構造如核醣體、中心體皆非膜構造。

10. **E**

　【解析】 (A) X 應為血管壓力，因為測量值逐漸降低。

　　　　　(B) Y 應為血流速，因為在微血管時，血液流速最慢。

　　　　　(C) Z 應為總截面積，因為微血管需擴張至全身，需要有較大的截面積分布。

　　　　　(D) 血管壓力是與心室距離有關。

11. **B**

　【解析】 藍綠菌為原核細胞；而綠藻為原生生物（真核細胞）。

　　　　　(A) 藍綠菌缺乏膜質構造，因此不具葉綠體，但有葉綠素；綠藻有葉綠體。

　　　　　(B) 正確。

　　　　　(C) 藍綠菌之細胞壁成分為肽聚糖；綠藻細胞壁成分為纖維素。

　　　　　(D) 螺旋藻為細菌，小球藻為原生生物。

　　　　　(E) 兩者皆以葉綠素為主要光合色素。

12. **B**

　【解析】 當種子吸水後，子葉的重量將會略為增加，然而在植物發育初期時，會將儲存的養分提供給植物使用，因此重量會逐漸減少。當種子突破土壤，下胚軸照射到陽光後，上胚軸才會開始發育成長。而下胚軸從初期就開始成長，並且重量逐漸增加，因此相對重量會比上胚軸還要早開始出現變化。

13. **E**

　【解析】 萃取使用分液漏斗將兩相溶液進行分離。

14. **C**

【解析】　乙醇 $C_2H_5OH + 3O_2 \rightarrow 2CO_2 + 3H_2O$

乙烷 $C_2H_6 + 7/2O_2 \rightarrow 2CO_2 + 3H_2O$

乙酸 $CH_3COOH + 2O_2 \rightarrow 2CO_2 + 2H_2O$

甲醚 $CH_3OCH_3 + 3O_2 \rightarrow 2CO_2 + 3H_2O$

乙炔 $C_2H_2 + 5/2O_2 \rightarrow 2CO_2 + H_2O$

15. **A**

【解析】　(B) $Na > Mg > Al$

(C) F 和 Cl 為氣體，Br 為液體，I 和 At 為固體

(D) IA 族活性大，反應易失去電子

(E) IIA 為鹼土金屬元素

16. **B**

【解析】　一個 $Ca(OH)_2$ 分子解離可得到 2 個氫氧根離子，

故 0.02 mol 的氫氧根離子需 0.01 mol $Ca(OH)_2$，

平衡化學式：$CaC_2 + 2H_2O \rightarrow C_2H_2 + Ca(OH)_2$，

依照係數比得知產生 0.01 mol $Ca(OH)_2$ 同時也會產生

0.01 mol C_2H_2。

0.01 mol C_2H_2 的質量 $= 0.01 \times (2 \times 12 + 2 \times 1) = 0.26$ 克

二、多選題

17. **ACD**

【解析】　(A) 高氣壓屬於沉降氣流，空污會更為嚴重。

(B) 梅雨鋒面會長時間降雨，會將空氣污染物溶至雨滴中，空氣品質較好。

(C) 副熱帶高壓屬於沉降氣流，空污會更為嚴重。

(D) (E) 1 km = 1000 m，時間 = 距離 ÷ 速度

$$= 1000 \text{ m} \div 10^{-3} \text{ m/s} = 10^6 \text{ s}$$

$$10^6 \text{ s} \cong 10 \text{ 天}$$

18. **BD**

【解析】 (A) 星體東升西落乃地球自轉的現象。

(C) 雖公轉速率不變，但方向相反，漲潮跟退潮的時間會提前 50 分鐘左右。

(E) 都會受影響。

19. **BD**

【解析】 (A) 題幹未提及海床錯動。

(C) 浪高與溯上高度不同。

(E) 深海區因水深較深，傳播速度較快。

20. **CE**

【解析】 因按日月地排序時月相為朔，此圖月亮的位置應為上弦往滿月的過程，選 (C)。

上弦月出現時間為正午十二時，滿月出現時間為下午六時，此題月亮在滿月以及上弦中間，因此出現時間選 (E) 下午三時。

21. **AD**

【解析】 (B) 應遵守原子不滅定律，密閉空間不會有分子進出，故不改變。

(C) 進入水中前，溫度較低，平均動能較小。

(E) 進入水中後，因溫度升高，總動能增加。

22. **BCE**

【解析】 (A) 接觸力的來源爲電磁作用力。

(D) 強作用力是四個基本作用力中最強的，主要用於維持原子核的穩定性。中子單獨存在時才容易衰變。

23. **CE**

【解析】 (A) 介質相同，故波速相同。

(B)(C) 聲波有波動性，因此能發生干涉與繞射現象。

(D) 同一介質傳遞聲波，頻率大者，波長較小。

(E) 「角」音的波長爲 103 cm，「羽」音的頻率爲「角」音的三分之四倍，故「羽」音的波長爲「角」音的四分之三倍，大約是 77.3 cm。

24. **AC**

【解析】 碳水化合物，主要可分爲單一碳水化合物及複合碳水化合物。

複合碳水化合物，主要存在於精製糖類，例如：蔗糖、果糖。

複合碳水化合物則主要存在於澱粉質食物中，例如殼物、麵粉。

25. **CD**

【解析】 如圖可知，爲單子葉植物根的橫切面。

(A) 應較可能具有平行脈。

(B) 甲爲有儲存養分功能的皮層。

(E) 應爲植物根部的橫切面。

26. **AD**

【解析】 (A) V 為絲球體，入球小動脈進入絲球體；出球小動脈則離開絲球體。

(B) W 為鮑氏囊，其與過濾作用有關。

(C) X 為近曲小管，近曲小管位於皮質。

(D) Y 為亨耳氏套，亨耳氏套位於髓質。

(E) Z 為遠曲小管，主要分泌 H^+。

27. **ADE**

【解析】 (B) 實驗 5 中已切下頂芽失去感光能力，因此就算置於光照環境下仍不會有差異。

(C) 實驗 6 中若將洋菜置於中間，因為生長素分布均勻，因此不會產生彎曲。

28. **BC**

【解析】 (A) 應為樹突輸入量。

(D) 應為軸突。

(E) 應為動器。

29. **ACE**

【解析】 (B) 液化石油氣成分為丙烷、丁烷。平均分子量影響沸點，因此丙烷越多沸點越低。

(D) 液化石油氣的熱值較天然氣來得高。

30. **AE**

【解析】 (B) 用毛細管將樣品溶液快速的點在濾紙上，大量樣品將導致結果重疊，難以辨識。

(C) 展開液不得高出原點線高度，由濾紙最下方微量吸取即可。

(D) 展開液到達 Y 線即停止展開，最快的成分此時應還在 Y 線之下。

31. **BCD**

【解析】(A) 兩極反應後質量皆變重

$Pb \rightarrow PbSO_4$；$PbO_2 \rightarrow PbSO_4$

(E) 直接丟棄會造成汙染，應進行回收。

32. **AD**

【解析】(B) 氧化銅為使有機物氧化，為氧化劑。

(C) 過氯酸鎂置於丙處；氫氧化鈉置於丁處。

由於氫氧化鈉除了吸收二氧化碳外亦會吸收水分，因此置於後方以免影響實驗結果。

(E) 僅需測量過氯酸鎂與氫氧化鈉重量後，將原化合物重量扣除碳與氫即可得知三元素之重量。

33. **ABD**

【解析】由圖可得，26°C 時，每 100 g 的水可溶解 40 g 的硝酸鉀，我們將其表示為 40 g 硝酸鉀/ 100 g 水，若將水減半則溶質亦須減半，即為 20 g 硝酸鉀/ 50 g 水，而王同學使用的量為 30 g 硝酸鉀/ 50 g 水，硝酸鉀明顯過量。

(C) 增加的水量越多，並不會增加溶解度，只會增加溶解量。

(E) 由圖可得，20°C 時，每 100 g 的水可溶解 32 g 的硝酸鉀，亦為每 50 g 的水可溶解 16 g 的硝酸鉀，原混合液溶解量為 20 g 硝酸鉀，故可再析出 4 g。

34. **BCE**

【解析】 化合物甲中元素 Q 與 R 之重量比為 $\dfrac{Q}{R} = \dfrac{20}{80} = \dfrac{1}{4}$

化合物乙中元素 Q 與 R 中重量比為 $\dfrac{Q}{R} = \dfrac{0.2}{1.2} = \dfrac{1}{6}$

令 Q 之原子量為 q，R 之原子量為 r

由甲可知

$2r : 6q = 4 : 1$，$r : q = 12 : 1$

可推算乙

$2 \times 12 : a \times 1 = 6 : 1$，$a = 4$，

可知乙化學式為 R_2Q_4

反應式即為：$R_2Q_4 + 3O_2 \rightarrow 2RO_2 + 2Q_2O$

$a = 4$，$x = 3$，$y = 2$，$z = 2$

三、綜合題

35-36 為題組

35. **B**

【解析】 牛頓發現月球繞地與自由落體都是萬有引力；
物質波是德布羅意所提出；電磁感應為法拉第所發現；
靜電力大小與電荷間距離平方成反比為庫侖所發現；
愛因斯坦提出光子說。

36. **A**

【解析】 （甲）雷文霍克（乙）虎克（丙）許旺（丁）達爾文
（戊）孟德爾

37-38 為題組

37. **D**

【解析】　紀錄的點位置由疏至密至疏，因此速度應由慢至快至慢。

38. **A**

【解析】　颱風眼風速最小，因此刪去 (B)、(D)。

又乙處等壓線較丙處密集，所以乙處風速大於丙處，選 (A)。

39-40 為題組

39. **D**

【解析】　（球體表面積/球體體積）等於 $\dfrac{3}{R}$，正比於 $\dfrac{1}{R}$，

因 100.0 nm 半徑是 1 cm 的 10^{-5} 倍，故所求為 10^5 倍。

40. **CE**

【解析】　(A) 煙囪排放的是小顆粒污染物。

(B) 較小的顆粒總表面積較大，因此船跡雲較亮。

(D) 單一大顆的總表面積比較大，因此更會反射太陽光。

第貳部分

41-42 為題組

41. **CD**

【解析】　甲：NH_3 變成 NH_4^+，N 的氧化數沒變。沒有氧化也沒還原

乙：NH_4^+ 變成 NO_2^-，N 的氧化數 –3 變 +3。氧化反應

丙：NO_2^- 變成 NO_3^-，N 的氧化數 +3 變 +5。氧化反應

丁：NO_2^- 變成 N_2，N 的氧化數 +3 變 0。還原反應

戊：N_2 變成 NH_3，N 的氧化數 0 變 –3。還原反應

42. **BDE**

【解析】 (A) 將硝酸鹽轉變成亞硝酸鹽為硝酸菌的作用。

(C) 氨化作用是指腐生菌或真菌等，把土壤中的含氮有機物氧化分解產生氨的過程。

43-44 為題組

43. **BD**

【解析】 (A) 觀測站 6、7 遠離大陸。

(C) 觀測站 4、5 距離接近，為壓縮變形。

(E) 由圖很明顯得知東部的地殼移動較快，西部較慢。

44. **D**

【解析】 應變速率 $= \dfrac{速率差}{測站距離} = \dfrac{(8-0)cm/年}{250km} = 3.2 \times 10^{-7}$ 年

$\dfrac{3.2 \times 10^{-7} 年}{3.15 \times 10^{7} s} \cong 10^{-14} s$

45-46 為題組

45. **A**

【解析】 丙處為逆斷層（上層相對往上），刪去 (C)、(E)。

甲處為背斜，刪去 (D)。

由丙處的傾斜方向，刪去 (B)。

46. **A**

　　【解析】 油氣蘊藏必須有適當的封閉構造，如背斜層頂端
　　　　　　（甲），或逆斷層（丙）造成的封閉構造。

47. **BCE**

　　【解析】 設空氣於高度 h 時溫度達露點，
　　　　　　$30 - 10h = 22 - 2h$，$h = 1000 \text{ m}$，
　　　　　　可知溫度為 $20°C$，
　　　　　　乙之溫度為 $20 - 5 = 15°C$，
　　　　　　丙之溫度為 $15 + 20 = 35°C$。

48. **E**

　　【解析】 題中要求：「密度向下遞增，且上下密度差最大」，溫
　　　　　　度下降 → 鹽度上升 → 密度上升。而圖表中可知，鹽
　　　　　　度的效果會大於溫度的效果，因此僅選項 (E) 最符合
　　　　　　題幹要求。

49. **E**

　　【解析】 若是 $Q_1 = Q_2$，會導致地中海的海面會下降，
　　　　　　因為地中海的蒸發量大於降雨量，故 $Q_1 > Q_2$；
　　　　　　而鹽度則是地中海鹽度較大，故 $S_2 > S_1$。

50. **C**

　　【解析】 向上且漸慢的過程為 v 向上 a 向下，故合力向下，
　　　　　　因此向下的力加起來大於向上的力，$F_R + mg > F_B$。

51. **A**

【解析】 $\dfrac{T^2}{a^3} = K$，$F = \dfrac{GMm}{r^2}$

原衛星與同步衛星之克卜勒常數 K 相等，故

原衛星之 $K =$ 同步衛星之 K

$$\dfrac{T^2}{a^3} = \dfrac{\left(\dfrac{1}{8}T\right)^2}{x^3} \Rightarrow x = \dfrac{1}{4}a$$

再帶入 $F = \dfrac{GMm}{r^2}$

$$\dfrac{GMm}{\left(\dfrac{1}{4}\right)^2} = 16F$$

52-53 為題組

52. **BD**

【解析】 依照內文，影響太陽電池由光能轉換電能的效率，為
入射光線在元件內部的「移動距離」跟「元件可吸收
幾乎全部波段的日光」。

53. **D**

【解析】 一個氫原子直徑約為 1.6×10^{-15} m，$150 \sim 250$ nm 等於
1.5×10^{-11} m$\sim 2.5 \times 10^{-11}$ m，故約為 10^3 倍。

54-56 為題組

54. **C**

【解析】 水力發電是由重力位轉換成電能。

55. **B**

【解析】 因整個水體並非規則之長方柱，因此取最上層估算水體表面積。

(1264 – 1217) Mm³ / (250 – 245) m = 9.4 Mm²

56. **A**

【解析】 30 m³/s = 30000 kg/s　P = E/t

E = mgh = 30000 × 10 × 160 = 48000000

48000000 × 25% = 12000000 = 12 MJ

P = 12 MW

57. **B**

【解析】 異形合子雜交（Ff × Ff）子代基因型應為：FF、Ff、ff。

（甲）為單基因顯隱性遺傳，異形合子雜交表現型為 3：1。

（乙）為中間型遺傳，異形合子表現型為 1：2：1。

58. **D**

【解析】 DNA 雙股中 A 和 T 數量一樣，因此 A 佔 32%，T 也會佔 32%。

59. **D**

【解析】 洋蔥根尖會行細胞分裂，因此會有兩種細胞數 -DNA，圖中左邊為 $\frac{100}{400}$ = 0.25（代表 DNA 含量低，為未細胞分裂時的細胞）；圖中右邊為 $\frac{200}{150}$ = 1.3（代表 DNA 含

量高爲細胞分裂時的細胞）。成熟洋蔥胚乳已不再細胞

分裂，並且胚乳 DNA 套數爲（3N）爲洋蔥根尖細胞

（2N）的 1.5 倍，因此 0.25 × 1.5 = 0.375，最有可能之

比例選項爲 (D)。

60. **D**

【解析】 古菌與眞核生物關係較爲親近，因此答案爲 (D)。

61. **BCD**

【解析】 (A) 榕樹與蕨類間爲互相競爭關係。

(E) 山貓與雪靴兔之間爲掠食關係。

62. **BE**

【解析】 (A) X 區爲潮間帶，附著性生物可以生存。

(C) Z 區底部黑暗，但生物依舊可以靠生物遺骸當養分

生存。

(D) Y 區爲大陸棚，初級生產力高。

63. **D**

【解析】 $NaCl + Ba(OH)_2 \rightarrow$ 無明顯變化。

$K_2SO_4 + Ba(OH)_2 \rightarrow$ 產生 $BaSO_4$ 白色沉澱。

$NH_4NO_3 + Ba(OH)_2 \rightarrow$ 產生 NH_3 臭味氣體。

64. **E**

【解析】 NO_3^- 和 CO_3^{2-} 的路易斯結構

如圖，故 (A) 有雙鍵

(B) 滿足八隅體規則

(C) (D) 沒有孤對電子。

65. **A**

【解析】　甲烷：CH_4

乙烯：C_2H_4

甲醇：CH_3OH

甲醛：$HCHO$

丙酮：CH_3COCH_3

甲酸甲酯：$HCOOCH_3$

甲酸：$HCOOH$

甲醯胺：$HCONH_2$

故其中只有烯、酯的最簡單成員含有兩個碳原子。

66-67 為題組

66. **C**

【解析】　核苷酸含 C、H、O、N、P，與草甘膦所含元素相同。

67. **BC**

【解析】　草甘膦中具有羧基與胺基

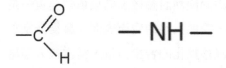

68. **ADE**

【解析】　(A) 石油醚不溶於水，密度比水小，故紅色會浮在水的上層。

(D) 肥皂為界面活性劑，因此介面將會消失，使得整個試管呈現淡紅色。

(E) 含有鎂離子的硬水使肥皂無法起作用，因此會分上下兩層，密度比水大，會在試管的下層。

108年大學入學學科能力測驗試題
國文考科（選擇題）

一、單選題（占 68 分）

說明：第 1 題至第 34 題，每題有 4 個選項，其中只有一個是正確或
最適當的選項，請畫記在答案卡之「選擇題答案區」。各題
答對者，得 2 分；答錯、未作答或畫記多於一個選項者，該
題以零分計算。

1. 下列「　」內的字，讀音前後相同的是：
   (A) 詩詠關「雎」／「瞧」心之痛
   (B) 葦「苕」繫巢／乘「軺」建節
   (C) 「綢」繆牖戶／「倜」儻佻達
   (D) 中道崩「殂」／自邁「徂」遠

2. 下列文句，完全**沒有**錯別字的是：
   (A) 公聽會上經過激烈討論後，結果依然莫衷一是
   (B) 出人意表、震憾人心的魔術表演，贏得滿堂彩
   (C) 社會教育淺移默化的習染力量，常常被人忽略
   (D) 再接再勵，抑或裹足不前，往往只在一念之間

3. 下列是一段古文，依據文意，甲、乙、丙、丁排列順序最適當的是：
   夫秦失其政，陳涉首難，豪傑蜂起，
   甲、三年，遂將五諸侯滅秦　　乙、分裂天下而封王侯，政由羽出
   丙、相與並爭，不可勝數　　　丁、然羽非有尺寸，乘勢起隴畝之中
   號為霸王。（《史記・項羽本紀》）
   (A) 甲丙丁乙　　(B) 乙丁丙甲　　(C) 丙丁甲乙　　(D) 丁乙丙甲

4. 下表摘自國家發展委員會於 107 年彙整的「107～109 年重點產業人才供需調查及推估」報告。依據這份國防類產業需求調查，下列敘述最適當的是：

國防類產業	新增需求人數			
	107 年	108 年	109 年	107～109 年平均
1 國防航太業	696	301	113	370
2 國防船艦業	183	105	95	128
3 航空業	430	440	460	443

教育背景需求				工作經驗需求	
教育程度	百分比（％）	學門	百分比（％）	年資	百分比（％）
碩士以上	41.0	工程及工程業	56.5	5 年以上	38.5
大專	59.0	資訊通訊科技	23.2	2～5 年	46.1
高中以下	0.0	商業及管理	13.0	2 年以下	12.8
		法律、語文	7.3	不限	2.6

(A) 國防航太業的三年總需求量最大，但航空業有逐年增量的趨勢

(B) 觀察 107～109 年的狀況，超過八成的應徵者具有兩年以上的工作年資

(C) 教育程度均須具備大專以上，半數以上的職缺須具工程及工程業專長

(D) 提供給商業管理、法律、語文科系畢業者的職缺較少，但年資門檻也較低

5. 依據下文，鄭板橋所「志」的「憤」最可能是：

　　（鄭板橋）為秀才時，三至邗江，售書賣畫，無識者，落拓可憐。復舉於鄉，旋登甲榜，聲名大震。再至邗江，則爭索先生墨妙者，戶外履常滿。先生固寒士，至是益盛自寶重，非重價，不與索。沈凡民先生代鐫小印，文曰「二十年前舊板橋」，志憤也。（宣鼎〈雅賺〉）

(A) 世人盲從，唯重聲名　　　(B) 小人當道，懷才不遇

(C) 宦海浮沉，身不由己　　　(D) 聲聞過實，浪得虛名

6. 依據甲、乙二文，最符合文意的解說是：

甲、楊德祖為魏武主簿，時作相國門，始構榱桷，魏武自出看，使
　　人題門作「活」字便去。楊見，即令壞之。既竟，曰：「門中
　　『活』，『闊』字，王正嫌門大也。」（《世說新語‧捷悟》）

乙、梁蕭琛醉伏於御筵，武帝以棗投之，琛取栗擲上，正中面。帝
　　動色，琛曰：「陛下投臣以赤心，臣敢不報以戰慄。」上大悅。
　　（《續世說‧捷悟》）　　　　　　　　┌─────────┐
　　　　　　　　　　　　　　　　　　　　│榱桷：屋椽。│
　　　　　　　　　　　　　　　　　　　　└─────────┘

(A) 楊德祖透過文字部件的組合方式，察覺魏武諷其好大喜功

(B) 蕭琛運用諧音雙關，將宴會上失禮的行為解釋為恭敬之舉

(C) 楊德祖與蕭琛皆善於揣摩逢迎，洞悉主上言行背後的暗示

(D) 楊德祖急中生智未讓主上失望，蕭琛大智若愚令主上激賞

7. 依據下文，**不符合**文意的解說是：

　　余嘗論畫，以為人禽宮室器用皆有常形。至於山石竹木、水波
煙雲，雖無常形而有常理。常形之失，人皆知之。常理之不當，雖
曉畫者有不知。故凡可以欺世而取名者，必託於無常形者也。雖
然，常形之失，止於所失，而不能病其全，若常理之不當，則舉廢
之矣。以其形之無常，是以其理不可不謹也。世之工人，或能曲盡
其形，而至於其理，非高人逸才不能辨。（蘇軾〈淨因院畫記〉）

(A) 畫作成敗的關鍵，往往在於常理得當與否

(B) 常形失誤，較常理失當容易被一般人發現

(C) 欺世盜名的畫作，往往以無常形之物掩飾不足

(D) 高逸者多繪山石竹木、水波煙雲，故能辨常理

8. 下列敘述，最符合「破碎的雞蛋殼怎麼拼得圓滿光滑呢」的體會是：

馬勒的旋律哀傷又優美，A 段完了換 B 段，B 段完了換 C 段，再回到 A 或 B，頂多稍微變化一下，不像貝多芬那樣苦心經營，一小段、一小段往前推，像數學證明題，一步錯不得。聽貝多芬，你不能分神，錯過一段都不行。聽馬勒，你可以隨時分神，隨時回來，因為每一段都很動人，而且每一段似乎都很熟悉。馬勒教導我們，不一定要貝多芬的邏輯和意義，生活可以每一段都很愉快，不一定死要逗成一整塊。我以前太愛逗了，逗來逗去，怎麼也拼不出一整塊來。破碎的雞蛋殼怎麼拼得圓滿光滑呢？（改寫自呂正惠〈馬勒拯救我於炎炎夏日〉）

> 逗：接合、拼湊。

(A) 品味人生，無須求全　　　(B) 寧為玉碎，不為瓦全

(C) 破鏡難圓，殘缺不全　　　(D) 一絲不苟，責備求全

9-10 為題組。閱讀下文，回答 9-10 題。

剛開始累積一塊錢、兩塊錢⋯⋯時，我們很容易說出這筆錢的數目，但當它龐大到某一時點，便突然有了新的名稱──資本，這就是從量變到質變。

我將從「壹」到「多」的想法帶進報紙副刊和書籍的編輯工作。譬如出版書系，從「類型開展」起步，最終將可躍升到「領域占有」。一本《縱橫學讀本》孤零零地上市，和將它納入「實用歷史書系」，哪個生命力長遠？又如副刊總會刊登新詩，但所用版面很小，愛詩者每嫌其零星。於是我在主編某地區型報紙副刊時，便特別在每個月的最後一天，以整塊版面推出報紙副刊「有史以來第一份詩雜誌（刊中刊）」，這是大報副刊主編不敢做的。我以一年為期，懇託四位詩人出任每一季的主編，把不定期選刊的一首首小詩，改成在每月月底集中織成一幅詩繡。在副刊資源有限的情況下，同性質文稿由「壹」而「多」，反而別具一格，甚獲好評。（改寫自周浩正〈壹與多〉）

9. 下列敘述,最符合上文觀點的是:

(A) 「壹」意謂專精於本業,「多」意謂多元化發展

(B) 「壹」雖然單薄,其特色有時比「多」來得顯著

(C) 在有限資源下,「壹」與「多」之間須尋求平衡

(D) 由「壹」而「多」,易提高領域占有與品牌辨識

10. 依據上文「多」的概念,下列事例最符合的是:

(A) 購物之前多比價,用最少金錢發揮最大的成本效益

(B) 集中電子產品商家於帶狀街道,打造資訊文化園區

(C) 申辦多張信用卡,以獲得不同發卡銀行提供的優惠

(D) 擁有多個手機門號,供客戶以及群組朋友分別撥打

11-12 為題組。閱讀下文,回答 11-12 題。

　　2018 年 9 月 5 日,第 278986 號小行星正式以「陳樹菊」之名在天空閃耀。

　　小行星是沿橢圓軌道繞太陽運行的小天體,大小、形狀不一。一顆小行星被發現且確認後,會獲得一個臨時編號:發現年份加上英文字母。當小行星的運行軌道參數被精確測定後,便會獲得正式命名:永久編號加上名字。永久編號,是以小行星發現的順序編號,至於名字,小行星是目前唯一可由發現者命名並得到世界公認的天體。發現者擁有命名權,但須經「國際天文學聯合會」核准。

　　直到中央大學設立「鹿林天文臺」,臺灣才在 2002 年首度觀測到新的小行星。2007 年,第 145523 號與 145534 號小行星分別命名為「鹿林」、「中大」,成為首度由臺灣發現並命名的小行星。目前鹿林天文臺已發現 800 多顆、正式命名 90 多顆小行星,如:吳大猷(2008年)、鄒族(2009 年)、雲門(2010 年)。

　　中央大學天文觀測員蕭翔耀爲傳遞臺灣美善的人文價值，特別將他在 2008 年 10 月發現的小行星命名爲 Chenshuchu（陳樹菊姓名英譯），以表彰陳樹菊的善行義舉。從此，最美的人心將照亮世界。（改寫自中大新聞 2018 年 9 月 6 日）

11. 依據上文，**不符合**「陳樹菊」小行星的敘述是：
　　(A) 由蕭翔耀於「鹿林天文臺」觀測發現
　　(B) 發現到正式核可命名，歷時大約 10 年
　　(C) 永久編號爲 278986，名字是 Chenshuchu
　　(D) 臺灣首顆以人名命名並經核可的小行星

12. 依據上文，關於小行星命名的敘述，最適當的是：
　　(A) 在獲得正式命名前，會有一個以發現順序編碼的臨時編號
　　(B) 運行軌道確認後，可獲得發現年份加英文字母的永久編號
　　(C) 發現者如欲命名須經核准，且限用該國特殊貢獻人士之名
　　(D) 145523 號小行星由臺灣發現，2007 年正式命名爲「鹿林」

13-14 爲題組。閱讀甲、乙二文，回答 13-14 題。

甲

　　我一面吸吮咀嚼那金色的甘芳，一面流下淚來。我家，因父親的關係，自民國 42 年至民國 104 年擁有一棟宿舍，我們在其間生活成長。然後，父母相繼棄世，我們必須還屋。把這棟曾在狂風驟雨之夜與我們相依爲命的房舍繳交回國防部。而這芒果，就是我跑到屏東故宅——那棟不再屬於我的故宅——中去摘來的。

　　這是故宅院子裡西邊那棵樹上的。從前，母親身體安祥時，芒果季節我們若未回家，她常會打包寄來臺北。「臺北沒芒果賣了嗎？你就不能省點心嗎？」父親咕咕噥噥，然而母親還是照寄。

今朝晨涼中，趁我齒牙猶健，鼻舌尚敏，我來啖我昔日故園中的果實，來重溫我猶暖的對雙親的感念。(改寫自張曉風〈這些芒果，是偷來的嗎？〉)

乙

余既為此志，後五年，吾妻來歸，時至軒中，從余問古事，或憑几學書。吾妻歸寧，述諸小妹語曰：「聞姊家有閣子，且何謂閣子也？」其後六年，吾妻死，室壞不修。其後二年，余久臥病無聊，乃使人復葺南閣子，其制稍異於前。然自後余多在外，不常居。

庭有枇杷樹，吾妻死之年所手植也，今已亭亭如蓋矣。(歸有光〈項脊軒志〉)

13. 下列有關甲、乙二文中「故居」的敘述，最適當的是：
    (A) 二文皆是作者離鄉多年後，偶爾回故居暫住的憶往之作
    (B) 二文皆透過作者與親人昔日在故居中的對話，表達對親人已逝的傷懷
    (C) 甲文的「重返故居」顯示思親之切，乙文的「室壞不修」暗示作者尚未走出喪妻之痛
    (D) 甲文直接指出作者與家人曾同住故居 62 年，乙文則以「五年」、「六年」揭示作者與妻曾同住故居 11 年

14. 「樹」在甲、乙二文中的意義，最適當的解說是：
    (A) 甲文的芒果樹象徵父母安康
    (B) 乙文的枇杷樹象徵思念長存
    (C) 二文作者皆於親人亡故後「植樹」紀念
    (D) 二文皆透過「樹在人去」領悟生死有命

<u>15-17 為題組</u>。閱讀下文，回答 15-17 題。

　　文人達士，多喜言遊。遊未易言也，……淺遊不奇，便遊不暢，群遊不久，自非置身物外，棄絕百事，而孤行其意，雖遊猶弗遊也。余覽往昔諸名人遊記，驗諸目覩身經，知其皆嘗一臠，披一節，略涉門庭，鮮窺閫奧。……霞客之遊，在中州者無大過人；其奇絕者，閩粵楚蜀滇黔，百蠻荒徼之區，皆往返再四。其行不從官道，但有名勝，輒迂迴屈曲以尋之；先審視山脈如何去來，水脈如何分合，既得大勢後，一丘一壑，支搜節討。登不必有徑，荒榛密箐，無不穿也。……記文排日編次，直敘情景，未嘗刻畫為文。……故吾於霞客之遊，不服其闊遠，而服其精詳；於霞客之書，不多其博辨，而多其真實。……霞客果何所為？夫惟無所為而為，故志專；志專，故行獨；行獨，故去來自如，無所不達。意造物者不欲使山川靈異久祕不宣，故生斯人以揭露之耶？（潘耒〈徐霞客遊記序〉）　　|閫奧：幽深的山林。|

15. 依據上文，**不符合**作者想法的是：
　　(A) 便遊、群遊與淺遊，屬嘗一臠披一節式的遊覽
　　(B) 欣賞徐霞客的邊疆之記，更勝於他的中原之錄
　　(C) 徐霞客按日期先後記錄，真實與精詳是其優點
　　(D) 徐霞客以華藻曲筆狀寫情景，揭露造物的奇祕

16. 下列文句，最符合上文「其行不從官道」、「登不必有徑」的是：
　　(A) 山行六七里，漸聞水聲潺潺，而瀉出於兩峰之間者，釀泉也。峰回路轉，有亭翼然臨於泉上者，醉翁亭也
　　(B) 由斷橋至蘇堤一帶，綠煙紅霧，彌漫二十餘里。歌吹為風，粉汗為雨，羅紈之盛，多於堤畔之草，豔冶極矣
　　(C) 今年九月二十八日，因坐法華西亭，望西山，始指異之。遂命僕過湘江，緣染溪，斫榛莽，焚茅茷，窮山之高而止

(D) 暮春之初，會於會稽山陰之蘭亭，脩禊事也。群賢畢至，少長咸集。此地有崇山峻嶺，茂林脩竹，又有清流激湍，映帶左右

17. 某旅行社打算推出仿徐霞客行旅的套裝行程，下列文案最接近其行遊精神的是：
(A) 一步一腳印走入隱世祕境，在人際交流中發現世界，盡嘗家與人情的味道
(B) 沿縣道公路深入風景勝地，登高盡攬海天一色，文青族、背包客一網打盡
(C) 世界上不缺少美，只是缺少發現，專業背包客帶您在田園裡與自我心靈對話
(D) 專攻高端背包客，不走常規景點，壯遊千里探祕勝，在冒險中尋找自我肯定

<u>18-21 為題組</u>。閱讀下文，回答 18-21 題。

　　玉米是印地安人送給世界的禮物。歐洲人初抵美洲之際，那裡已有各型玉米作物。比起舊世界農作物，玉米恰好位於稻米和小麥的生長帶之間，在稻米嫌太乾或小麥嫌太濕的區域，皆有良好收成。玉米田單位面積產量幾乎是小麥田兩倍。少有作物及得上玉米，短短一個生長季就能提供大量碳水化合物和脂肪。

　　歐洲人接納玉米較晚，或許是 1550 年代至 18 世紀，歐洲進入一段相對寒冷期。也或許是多數歐洲人一向同意英國博物學家蓋瑞德的看法，他在 1597 年寫道：「雖然印地安民族迫於所需，認為玉米是很好的食物，但我們仍可輕易判定：它的營養成分有限，不易甚至不利消化，比較適合當豬食而不是給人食用。」

　　16 世紀的歐洲有許多地方栽植玉米，但做為廣大地區的主食，大約已是下個世紀後期。約翰‧洛克在 1670 年代提到：「法國南部好幾

處都有玉米田，農民稱之爲『西班牙小麥』，他們告訴我這是給窮人做麵包吃的。」到了 18 世紀，玉米已經成爲法國南部飲食的基本元素。我們姑且大膽猜測：或許它曾在法國人口重新成長的過程扮演重要角色——18 世紀前數十年，法國人口曾明顯衰減。西班牙人口曾在17 世紀減少，18 世紀開始回增；在波河谷地種植玉米的義大利，17 世紀下半期人口也曾衰減，之後又回增。這些地中海區人口的消長，應該和玉米有關。

今日，玉米對東南歐的重要性更勝於西南歐。隨著人口增加，玉米及其他美洲作物如馬鈴薯、美國南瓜的栽種也逐漸擴張。18 世紀以前，玉米在羅馬尼亞並無地位，19 世紀後幾十年，羅馬尼亞人投注心力和倚賴玉米幾乎不亞於墨西哥人。他們種小麥也種玉米，前者出口，後者自用。玉米和小麥搭配輪種，成效良好，使羅馬尼亞成爲歐洲一大穀倉。

依賴玉米爲主食的程度，正隨著人口壓力降低而一起減低，但過往的影響仍在。美國人類學者郝平恩在《塞爾維亞一村落》提到，奧拉撒奇當地比較窮困的農民還是吃玉米而非小麥做的麵包，他們僅有的幾畝地，也是種玉米而非小麥，因爲_____。順便一提：奧拉撒奇農家菜園裡那一畦畦的青椒、番茄、四季豆、美國南瓜，應該會讓印地安老兄備感親切。（改寫自克羅斯比《哥倫布大交換：1492 年以後的生物影響和文化衝擊》）

18. 依據上文，下列關於歐洲人栽種玉米的敘述，最適當的是：

(A) 法國栽種成功後才傳入西班牙

(B) 早年被認爲較適合作爲動物飼料

(C) 16 世紀時已成爲多數地區的主食

(D) 羅馬尼亞由出口小麥轉爲出口玉米

19. 下列各圖中兩個變項所呈現的關係，最符合上文敘述的是：

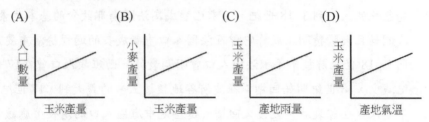

(A)   (B)   (C)   (D)

20. 依據上文，下列甲、乙兩項推斷，正確的是：

甲、新大陸發現之前，歐洲人的餐桌上不會有玉米、馬鈴薯。

乙、新大陸發現之後，美洲才開始種植青椒、番茄、四季豆。

(A) 甲、乙皆正確   (B) 甲正確，乙錯誤

(C) 甲、乙皆無法判斷   (D) 甲無法判斷，乙正確

21. 上文最後一段＿＿＿＿＿＿內最適合填入的是：

(A) 玉米是國家主要出口穀類   (B) 玉米產量比小麥高出很多

(C) 玉米可爲小麥季預做準備   (D) 玉米是印地安先祖所傳入

22-24 爲題組。閱讀下文，回答 22-24 題。

    大多數的科學工作者和前輩大師有一種相當「疏離」的關係。有人會說，科學是以客觀的方法來發現潛藏真理、發明可用器物的一門學問，不應有感情色彩和私人成分。對於拉瓦謝，我們只要知道他以硃砂做實驗，將之加熱而獲得「更純淨、更適於呼吸」的空氣（即氧）的成果，知道他「燃燒不是假想的燃素之釋放，而是燃燒物質與氧的化合」之洞見就可以了。至於拉瓦謝是何方人士，他的童年生活、求學經過、有沒有結婚生子……，都跟氧氣無關。在科學的殿堂裡，若談拉瓦謝在法國大革命期間因受誣告而被送上斷頭臺，不僅無補於科學，而且是「搞錯了方向」。於是，一個化學系學生和拉瓦謝的關係成

了「他跟氧氣」的關係,「人」與「人」的關係在不知不覺間被「人」
與「物」的關係所取代。

　　文學藝術工作者則是一種完全不同的取向。不少人在讀過《紅樓
夢》後,因深受感動而想去了解「是什麼樣一個人,在什麼樣的情況
下,竟然能創造出這樣的不朽傑作?」他的好奇很快就能獲得滿足,
因為早有同好寫了很多關於曹雪芹生平及其家族的專書,有些學者甚
至從研究《紅樓夢》轉而研究曹雪芹「這個人」。如果讀者渴望親臨現
場,也有「曹雪芹紀念館」或「紅樓夢之旅」供人流連憑弔。這完全
得助於將「創造者」(作家)置於「創造物」(作品)之上的心思。

　　學科學的我若能參加「相對論之旅」,希望能探訪愛因斯坦不同階
段所停留過的地方,特別想看看他心愛的小提琴,至於它是不是愛因
斯坦用的那把並不重要,重要的是它所代表的人味和精神。(改寫自王
溢嘉〈一般人物兩樣情〉)

22. 下列關於上文「」所強調的意思,說明最適當的是:
　　(A) 有一種相當「疏離」的關係:強調一般人不易理解科學知識
　　(B) 而且是「搞錯了方向」:強調科學人才的培育應重視基礎研究
　　(C) 成了「他跟氧氣」的關係:強調科學家的貢獻常取代對科學家
　　　　的認識
　　(D) 轉而研究曹雪芹「這個人」:強調《紅樓夢》研究的真正核心
　　　　課題所在

23. 關於科學工作者和文學藝術工作者的差異,最符合上文觀點的是:
　　(A) 文學藝術工作者敬重前輩大師,科學工作者通常不然
　　(B) 科學工作者追求以「物」取代「人」,文學藝術工作者通常不然
　　(C) 科學工作者注重「創造物」的客觀考證,文學藝術工作者通常
　　　　不然

(D) 文學藝術工作者留意「創造者」的創作心靈活動，科學工作者通常不然

24. 今年是工業革命代表人物瓦特（James Watt）逝世 200 周年，下列是某高中紀念展覽的內容，其中與作者期待參加的「相對論之旅」理念最接近的選項是：

甲、「瓦特」是國際單位制的功率單位

乙、瓦特是蘇格蘭造船工人之子

丙、瓦特在格拉斯哥大學開的小修理店

丁、瓦特設計的蒸汽機運轉模型

戊、瓦特與英格蘭製造商博爾頓長期合作

己、瓦特如何阻止他人獲得專利

(A) 甲乙丙戊   (B) 乙丙戊己   (C) 甲丁戊己   (D) 乙丙丁己

25-27 為題組。閱讀下文，回答 25-27 題。

  西方的傳統戲劇多透過具象而逼真的動作與場景，才能達成對真實的模擬與再現。而中國戲曲的舞臺時空，卻是要以抽象化的象徵手法「虛擬」實境，從服裝、道具、舞臺裝置到人物塑造，都是一以貫之的虛實相生，讓「心境」永遠比「物境」重要，「情境」比「環境」重要，「意境」比「實境」重要。故而《牡丹亭》的寫景傳情、依心取境的美學形式，本身就是「虛構」大於「現實」，包括舞臺設計、服飾道具，也包括演員的唱作念打。因此演員的年齡與角色的年齡，就有更為流動開放的虛擬表現空間，年齡不再是單點直線的真實數字，反倒是多點如星群散布的生命樣態，「心境」、「情境」與「意境」的交疊組合。

  看老演員「虛擬」杜麗娘才真是難得，老則老矣，神韻動人，比看年輕演員演出的「懷春慕色之情」，更讓人動容。對年輕的演員而

言，她們的青春不是夢而是現實，只有對生理年齡不再年輕的演員而言，她們的青春才是夢，是綺夢迷夢春夢，一場虛實難分、惺忪難醒、纏綿難捨的遊園驚夢。杜麗娘的一縷幽魂附在她們身上，像是前世今生的輪迴與翻轉，讓她們的表演具有層次。小兒女的青澀嬌態疊印在成熟風華的唱腔與身段上，她們是女人與女孩的綜合體。時間不再是線性，青春總不曾消逝，只是悄悄折疊進身體的記憶裡，呼之欲出。看她們的表演讓人覺得驚心動魄，不是因為歲月不饒人，而是深深感念那藏在女人身體中的女孩，從來不曾死去。在《牡丹亭》中生而復死、死而復生的，不僅只是愛情，更是青春。(改寫自張小虹〈我們都是青少年〉)

25. 依據上文，下列甲、乙兩項關於《牡丹亭》演出的推斷，正確的是：
    甲、因「心境」比「物境」重要，舞臺不必然出現代表男主角柳夢梅的梅樹。
    乙、因「意境」比「實境」重要，杜麗娘的深情不必以服裝和唱作念打表達。
    (A) 甲、乙皆正確　　　　　　(B) 甲、乙皆錯誤
    (C) 甲正確，乙錯誤　　　　　(D) 甲錯誤，乙正確

26. 上文提及「年齡不再是單點直線的真實數字，反倒是多點如星群散布的生命樣態」，下列關於這句話的解說，最適當的是：
    (A) 透過象徵化的表演，演員與角色的生命交織，展現歲月與技藝的淬鍊
    (B) 不同年齡層演員相互切磋，突破生理年齡限制，讓戲劇演出發光發熱
    (C) 演員實際年齡象徵飽經世事的成熟，由其演出的角色將如星芒般耀眼

(D) 演員能揣摩各種表演藝術，跨越年齡侷限，將實境與物境提升
至意境

27. 上文以「我們都是青少年」作為篇名的理由，最可能是：
(A) 老演員逝去的青春因杜麗娘而被喚醒，觀眾內心的青春悸動也
甦醒過來
(B) 舞臺時空虛實相生的效果，讓觀眾得以一代一代延續杜麗娘的
青春綺夢
(C)《牡丹亭》的青春特質不分你我，可藉由戲劇的感染力開拓新
的觀眾群
(D)《牡丹亭》藉杜麗娘還魂，召喚演員與觀眾靈魂裡不曾有過的
青春情懷

28-30 為題組。閱讀下文，回答 28-30 題。

　　1982 到 1985 年是羅大佑的「黑潮時期」，那個一頭捲髮、黑衣墨
鏡的孤傲身影，以一人之力把臺灣流行音樂從「天真」帶向「世故」。
他的歌充滿時代感，沉鬱滄桑的歌詞語言，一洗「校園民歌」的學生
腔、文藝腔，展示著一個深沉抑鬱的「大人世界」，從青春情愛到歷史
國族，勾引了所有自命早熟的青年。他對歌詞與旋律的「咬合」極為
在意，常說「歌是語言的花朵」，文字化為唱詞，在唇齒舌間吞吐滾動，
必須與旋律的收放起伏密密吻合。

　　就在羅大佑掀起「黑色旋風」的時刻，另一位出身「校園民歌」
的音樂人李宗盛也嶄露頭角。情歌向來是歌壇主流，一不小心，便會
跌入陳腔濫調、無病呻吟的醬缸。李宗盛擅以作論方式寫歌，總能找
到獨特的切入角度，短短篇幅便唱盡你堵在心頭的感歎。1986 年的個
人專輯《生命中的精靈》，是華語樂壇少見的「內省」之作，深深挖掘
生命內在的惶惑與悲歡，坦誠真摯。他對歌詞意象結構之銳意經營，

對詞曲咬合之殫精竭慮，簡直有鐘錶師傅般的耐心。他獨特的語言質地，直白而不失詩意，語感鮮活，乍看像散文，唱起來卻句句都會發光。

　　羅大佑始終沉鬱而孤傲，時時把整個時代挑在肩上，連情歌都滿是滄桑的傷痕。李宗盛則擅長從柴米油鹽的日常生活提煉詩意，煽情卻不濫情，輕盈卻不輕佻。他們二人示範了創作、製作的精湛手藝。羅大佑的歌承載著大時代的悲壯情緒，和那個集體主義、理想主義的時代有著千絲萬縷的糾纏。李宗盛的歌則幾乎都是個人主義式的內省，那些百轉千迴的辯證同樣只屬於「大人世界」，你得見識過江湖風雨才能體會。羅大佑的滄桑尚屬於一個猶然年輕的時代，李宗盛的世故則是一代人集體告別青春期的儀式。(改寫自馬世芳〈煙花與火焰的種子〉)

28. 依據上文，關於羅、李二人歌曲的內容，敘述**不適當**的是：
　　(A) 羅大佑的歌，反映理想主義時代對歷史國族的關切，深沉抑鬱
　　(B) 李宗盛的歌，往往契入人心，讓聽者的悲喜彷彿都能獲得傾吐
　　(C) 羅大佑的「大人世界」，把整個時代挑在肩上，省視個人生命內在的惶惑
　　(D) 李宗盛的「大人世界」，擅長從柴米油鹽的日常中，提煉老於世故的省察

29. 依據上文，關於羅、李二人的歌詞創作，敘述最適當的是：
　　(A) 二人均銳意經營歌詞的意象結構，直白而不失詩意
　　(B) 二人均極為在意歌詞與旋律的「咬合」，故精心琢磨
　　(C) 羅大佑擅長以「校園民歌」的文藝腔，寫作沉鬱滄桑的歌詞，充滿時代感
　　(D) 李宗盛長於以作論方式寫歌，將邏輯辯證融入詩化的語言中，煽情而輕盈

30. 下列羅、李二人歌詞中，最符合上文所謂「歷史國族」情懷的是：

(A) 黃色的臉孔有紅色的污泥／黑色的眼珠有白色的恐懼／西風在東方唱著悲傷的歌曲

(B) 我所有目光的焦點／在你額頭的兩道弧線／它隱隱約約它若隱若現／襯托你／襯托你覷睨的容顏

(C) 不捨你那黑白分明亮亮的眼睛／只是你年紀還小／無從明瞭我的心情／時間不停／時間不停／原諒我依然決定遠行

(D) 烏溜溜的黑眼珠和你的笑臉／怎麼也難忘記你容顏的轉變／輕飄飄的舊時光就這麼溜走／轉頭回去看看已匆匆數年

31-32 為題組。閱讀下文，回答 31-32 題。

　　越巫自詭善驅鬼物。人病，立壇場，鳴角振鈴。跳擲叫呼，為胡旋舞，禳之。病幸已，饌酒食，持其貲去，死則誘以它故，終不自信其術之妄。恆誇人曰：「我善治鬼，鬼莫敢我抗。」惡少年慍其誕，闚其夜歸，分五六人棲道旁木上，相去各里所，候巫過，下砂石擊之。巫以為真鬼也，即旋其角，且角且走，心大駭，首岑岑加重，行不知足所在。稍前，駭頗定，木間砂亂下如初，又旋而角；角不能成音，走愈急。復至前，復如初，手慄氣懾不能角，角墜；振其鈴，既而鈴墜，惟大叫以行。行聞履聲及葉鳴谷響，亦皆以為鬼號，求救於人甚哀。夜半抵家，大哭叩門，其妻問故，舌縮不能言，惟指床曰：「巫扶我寢，我遇鬼，今死矣！」扶至床，膽裂，死，膚色如藍。巫至死不知其非鬼。(方孝孺〈越巫〉)

> 禳：祈福消災。
> 闚：窺伺。
> 岑岑：煩悶。

31. 依據上文，對於越巫形象的描寫，最適當的是：

(A) 仗恃靈力，脅制鄉里

(B) 惡行易改，心魔難除

(C) 設壇召魅，作法自斃

(D) 無知自是，誤人害己

32. 關於上文的寫作手法與文意，敘述最適當的是：

(A) 以「相去各里所」暗示少年們對越巫心存畏怯，彼此守望照應

(B) 以「即旋其角」、「角不能成音」、「手慄氣懾不能角」描寫越巫因又懼又急而法力愈加減弱

(C) 以「且角且走」、「角墜；振其鈴，既而鈴墜，惟大叫以行」表現越巫從試圖自欺到心神失控的狼狽

(D) 以「行聞履聲及葉鳴谷響，亦皆以為鬼號」凸顯越巫仍想藉由周遭聲響研判鬼的行蹤，求得活命機會

33-34 為題組。閱讀下文，回答 33-34 題。

　　上蔡先生云：「透得名利關，方是小歇處。今之士大夫何足道，真能言之鸚鵡也。」朱文公曰：「今時秀才，教他說廉，直是會說廉；教他說義，直是會說義。及到做來，只是不廉不義。」此即能言鸚鵡也。夫下以言語為學，上以言語為治，世道之所以日降也。而或者見能言之鸚鵡，乃指為鳳凰、鸑鷟，唯恐其不在靈囿間，不亦異乎！（羅大經〈能言鸚鵡〉）

33. 依據上文，今日世風之弊在於：

(A) 豢養珍禽，玩物喪志

(B) 模仿剽竊，寡廉鮮恥

(C) 蔽於表象，不辨虛實不務踐履

(D) 器識褊狹，唯學鸚鵡不慕鳳凰

34. 下列文句，最能呼應上文觀點的是：

(A) 君子欲訥於言而敏於行

(B) 寡言者可以杜忌，寡行者可以藏拙

(C) 言行，君子之樞機，樞機之發，榮辱之主也

(D) 聽言觀行，不以功用為之的彀，言雖至察，行雖至堅，則妄發之說也

二、多選題（占 32 分）

說明： 第 35 題至第 42 題，每題有 5 個選項，其中至少有一個是正確
的選項，請將正確選項畫記在答案卡之「選擇題答案區」。各
題之選項獨立判定，所有選項均答對者，得 4 分；答錯 1 個選
項者，得 2.4 分；答錯 2 個選項者，得 0.8 分；答錯多於 2 個選
項或所有選項均未作答者，該題以零分計算。

35. 下列各組文句「」內的詞，前後意義相同的是：
    (A) 「去」國懷鄉，憂讒畏譏／欲呼張良與俱「去」
    (B) 斲而「為」琴，弦而鼓之／何故深思高舉，自令放「為」
    (C) 「叩」而與語，理甚玄妙／「叩」之寺僧，則史公可法也
    (D) 蘇子愀然，正襟「危」坐而問客／念高「危」，則思謙沖而自
        牧
    (E) 奢貴自「奉」，禮異人臣／離散天下之子女，以「奉」我一人
        之淫樂

36. 下列文句畫底線處的詞語，運用恰當的是：
    (A) 經歷過落後地區<u>窮形盡相</u>的生活，他比以往更積極投入公益
    (B) 他在人群中一向表現得<u>諱莫如深</u>，沒有人真正知曉他的心思
    (C) 實力堅強的球隊卻場場皆輸，慘遭淘汰，戰績如此<u>差強人意</u>
    (D) 小李無法兌現對好友的承諾，一直<u>耿耿於懷</u>，始終無法放下
    (E) 巷口小吃店熬過慘澹<u>經營</u>期，目前已是近悅遠來、門庭若市

37. 〈馮諼客孟嘗君〉：「梁使三反，孟嘗君固辭不往也」，前、後句有
    「縱使……卻依然……」的語意邏輯關係，意指「孟嘗君固辭不
    往」這件事，縱使「梁使三反」也不會改變。下列文句畫＿＿＿與
    ＿＿＿處，具有相同語意邏輯關係的是：

(A) 天地有好生之德，人心無不轉之時

(B) 此五子者，不產於秦，而繆公用之

(C) 松柏後凋於歲寒，雞鳴不已於風雨

(D) （連）橫不敏，昭告神明，發誓述作，兢兢業業，莫敢自遑

(E) 朱鮪涉血於友于，張繡剚刃於愛子，漢主不以為疑，魏君待之若舊

38. 關於下列陸游《老學庵筆記》二則引文，敘述適當的是：

甲、田登作郡，自諱其名，觸者必怒，吏卒多被榜笞。於是舉州皆謂燈為火。上元放燈，許人入州治遊觀，吏人遂書榜揭於市曰：「本州依例放火三日。」

乙、今人謂賤丈夫曰漢子，蓋始於五胡亂華時。北齊魏愷自散騎常侍遷青州長史，固辭之。宣帝大怒，曰：「何物漢子，與官不受！」此其證也。承平日，有宗室名宗漢，自惡人犯其名，謂漢子曰兵士，舉宮皆然。其妻供羅漢，其子授漢書，宮中人曰：「今日夫人召僧供十八大阿羅兵士，大保請官教點兵士書。」都下闐然傳以為笑。

(A) 「吏卒多被榜笞」，是違反田登禁忌的下場

(B) 書榜「本州依例放火三日」，表示吏人已經避開田登名諱

(C) 宗漢不喜他人觸犯名諱，乃因「漢子」一詞在當時含有貶義

(D) 「舉州皆謂燈為火」、「舉宮皆然」，顯示州民、宮人欣然認同避諱

(E) 選用避諱之例，如「放火」、「十八大阿羅兵士」、「兵士書」，應寓有嘲諷之意

39. 關於下列甲、乙二詩的詩意或作法，敘述適當的是：

甲、臺城六代競豪華，結綺臨春事最奢。萬戶千門成野草，只緣一曲後庭花。(劉禹錫〈臺城〉)

乙、鹿耳潮落吼聲遲，閱盡興亡眼力疲。惆悵騎鯨人去後，江山今又屬阿誰。(謝鯉魚〈鹿耳門懷古〉)

(A) 甲詩譏刺君王耽溺享樂，導致國破家亡

> 臺城：宮禁所在地。
> 騎鯨：相傳鄭成功騎乘白鯨轉世。

(B) 乙詩藉由自然景觀，寄寓歷史滄桑之感

(C) 二詩均以景物今昔的變化，強化懷古的感傷

(D) 二詩均運用典故，使意象更鮮明、情感更深刻

(E) 二詩均透過刻畫景物，具體呈現詩人移動的蹤跡

40. 國文課堂上，學生想嘗試從「詞」的文學知識解說：「五代之詞，止於嘲風弄月，懷土傷離，節促情殷，辭纖韻美。入宋則由令化慢，由簡化繁，情不囿於燕私，辭不限於綺語，上之可尋聖賢之名理，大之可發忠愛之熱忱。」下列解說，適當的是：

(A) 五代詞以私情綺語擅場，宋代詞家不復纖辭美韻，崇尚思理，風格弘闊

(B) 五代詞因篇幅短而合音節，宋代詞則因篇幅長而音節漸失，難於演唱

(C) 李煜詞在亡國前多「嘲風弄月」，亡國後則多「懷土傷離」

(D) 蘇軾的詞，可視為「情不囿於燕私，辭不限於綺語」的代表

(E) 在辛棄疾的詞作中，可找到「大之可發忠愛之熱忱」的例子

41. 韓愈〈師說〉：「孔子師郯子、萇弘、師襄、老聃」，相傳孔子曾問「禮」於老聃。閱讀下列有關老子、孔子論「禮」以及後學的相關討論，選出解釋適當的敘述：

老子：失道而後德，失德而後仁，失仁而後義，失義而後禮。夫禮者，忠信之薄而亂之首。

孔子：禮云禮云，玉帛云乎哉？樂云樂云，鐘鼓云乎哉？

吳子良（宋代學者）：蓋聃之於禮，尚其意不尚其文，然使文而可廢，則意亦不能獨立矣。此（指「禮者忠信之薄而亂之首」）老子鑑文之弊，而矯枉過正之言也。

朱熹學生：老子云：「夫禮，忠信之薄而亂之首」，孔子又卻問禮於他，不知何故？

朱熹：他曾為柱下史，故禮自是理會得，所以與孔子說得如此好。只是他又說這箇物事不用得亦可，一似聖人用禮時反若多事，所以如此說。〈禮運〉中「謀用是作，而兵由此起」等語，便自有這箇意思。

(A) 依老子的看法，人間若有「道」，便無須用「禮」

(B) 孔子「玉帛云乎哉」的看法，即憂心「禮」僅「尚其意不尚其文」

(C) 吳子良認為：「禮」的形式與內在應為一體，老子有矯枉過正之弊

(D) 吳子良和朱熹都認為：老子對「禮」缺乏深度認知，故評論有失偏頗

(E) 朱熹認為：〈禮運〉所云：「謀用是作，而兵由此起」，與老子對「禮」的看法相似

42. 「純貴妃不認為自己的『雅』會輸給魏瓔珞的『俗』，卻又無可奈何。她發現弘曆留在鍾粹宮的日子越來越少，去延禧宮的日子越來越多，就好像世間一切俗人，偶爾管弦絲竹，但多數時候還是要柴米油鹽。」這段文字既揭示「雅」、「俗」對比，也運用「管弦絲竹」、「柴米油鹽」的比喻強化語意。下列文句，使用比喻方式強化對比作用的是：

(A) 我曾見過二人手談，起先是坐著，神情瀟灑，望之如神仙中人，俄而棋勢吃緊，兩人都站起來了，劍拔弩張，如鬥鵪鶉

(B) 就在那光與色的動晃中，忽然那太陽，像巨大的蛋黃，像橘紅淋漓的一團烙鐵漿，蹦跳而出，雲彩炫耀。世界彷彿一時間豁然開朗，山脈谷地於是有了較分明的光影

(C) 你的書齋也許是明窗淨几，雕金飾玉，也許案頭有一盆古梅，壁間懸有名人的書畫，但比起我面前壯大的山河，深邃悠遠的藍天，阡陌橫斜的田野，就顯得那麼渺小寒酸，俗不可耐

(D) 蟬聲亦有甜美溫柔如夜的語言的時候，那該是情歌吧，總是一句三疊，像那傾吐不盡的纏綿。而蟬聲的急促，在最高漲的音符處突地戛然而止，更像一篇錦繡文章被猛然撕裂，散落一地的鏗鏘字句，擲地如金石聲

(E) 父親不久回來了，沒有買水鑽髮夾，卻帶回一位姨娘。她的皮膚好細好白，一頭如雲的柔髮比母親的還要烏，還要亮。兩鬢像蟬翼似的遮住一半耳朵，梳向後面，挽一個大大的橫愛司髻，像一隻大蝙蝠撲蓋著她後半個頭

108年度學科能力測驗國文科試題詳解

一、單選題

1. **D**

【解析】 (A) 詩詠關「雎」：ㄐㄩ（出自《詩經・周南》）／
「摧」心之痛：ㄓㄨㄟ（出自李陵〈答蘇武書〉）。

(B) 葦「苕」繫巢：ㄊㄧㄠˊ（出自荀子〈勸學〉）／
乘「軺」建節：ㄧㄠˊ（出自丘遲〈與陳伯之書〉）。

(C) 「綢」繆牖戶：ㄔㄡˊ／「倜」儻佻達：ㄊㄧˋ。

(D) 中道崩「殂」：ㄘㄨˊ（出自諸葛亮〈出師表〉）／
自邇「徂」遠：ㄘㄨˊ。

2. **A**

【解析】 (B) 震「憾」人心 → 震「撼」人心。

(C) 「淺」移默化 → 「潛」移默化。

(D) 再接再「勵」 → 再接再「厲」。

3. **C**

【解析】 此題可分三部分回答。

一、「豪傑蜂起」後才可能「相與並爭，不可勝數」，
故丙選項應置首位。

二、「號為霸王」為項羽的成就，可知乙選項應置於
末位。

三、從丁選項「然」以及「乘勢起」可知項羽出於豪
傑蜂起、不可勝數之後，故丁應接續丙。

綜合以上三點可知，正確答案為丙 → 丁 → 甲 → 乙。

原文：秦失其政，陳涉首難，豪傑蜂起，相與並爭，不可勝數。然羽非有尺寸，乘勢起隴畝之中。三年，遂將五諸侯滅秦，分裂天下而封王侯，政由羽出，號爲霸王。

【語譯】 秦朝政治混亂，陳涉首先發難反秦，英雄豪傑紛紛跟進，爭奪天下的人數也數不清。然而項羽並沒有任何可以依靠的土地，乘勢奮起於民間。不到三年的時間，便率領五國諸侯一舉滅秦，並且分割秦的天下，自行封賞王侯，政令都由項羽頒佈，自號爲「霸王」。

4. **C**

【解析】 (A) 航空業需求最大。

(B) 題幹說此表爲「產業需求調查」，故是「徵才單位」要求超過兩年以上工作年資，而非「應徵者」。

(D) 前段正確，但看不出有相應的年資門檻要求。

5. **A**

【解析】 從引文「（鄭板橋）秀才時」及「爭索先生墨妙者，戶外履常滿」可知 (A) 世人盲從，唯重聲名。

【語譯】 鄭板橋還是秀才時，曾經多次到邗江，出售他的書法字畫，卻沒有人欣賞這些作品，非常的落魄可憐。後來他在鄉試中舉，金榜題名，因此聲名大噪。他又再次到邗江，爭相購買鄭板橋先生作品的人往往擠滿門外。鄭板橋先生向來家境貧寒，從此他對自己的書畫更加珍惜，若不出重價購買，就不給予書畫。沈凡民先生替鄭板橋刻了一個小印，刻寫著「二十年前舊板橋」，記錄了鄭板橋對世道的不滿。

6. **B**

【解析】(A) 楊德祖明白魏武心思，並非諷刺他好大喜功。

　　　　(B)「栗」與「慄」，諧音雙關。

　　　　(C) 蕭琛爲臨機應變，且主上行爲背後應無暗示。

　　　　(D) 蕭琛的急智反應令主上激賞，非大智若愚。

【語譯】甲、楊德祖擔任魏武帝曹操的主簿，當時正建相國府的大門，剛架好屋椽，曹操親自出來看，並且叫人在門上寫個「活」字，就走了。楊德祖看見了，立刻叫人把門拆了。拆完後，他說：「門裡加個『活』字，是『闊』字。魏王正是嫌門太大了。」

　　　　乙、蕭琛在宮廷宴會喝醉酒，趴著昏睡，梁武帝蕭衍看到這種情景，拿起一顆紅棗，向蕭琛投去，正好打在蕭琛的頭上。蕭琛抓了一個栗子，向梁武帝蕭衍丟去，正好打在梁武帝蕭衍的臉上。梁武帝蕭衍神情不悅，蕭琛說道：「陛下您拋投給臣下的紅棗，那是表達對臣下真誠的愛心；臣扔給陛下的栗子，表示報答陛下戰慄惶恐的心情。」梁武帝聽了非常高興。

7. **D**

【解析】(D) 依據引文「世之工人，或能曲盡其形，而至於其理，非高人逸才不能辨」可知高逸者能「辨」常理而非「繪」山石竹木，水波煙雲。

【語譯】我曾討論畫的原理，認為人類、禽鳥、宮殿、居室、器物、使用的東西，都有它既定的外在形態。至於山川、岩石、竹子、樹木、流水、波浪、煙霧、雲朵，雖沒有固定的形態，但有其不變的本質。如果外在形態有所差異，人們都能夠知道。但如果事物的本質有

誤，即便是懂畫的人也有可能不知道。所以凡是憑藉欺騙世人而取得名聲的人，畫的內容通常不是事物既定的外在形態。雖然如此，若是外在形態有所差異，也僅止於表面上的差異，但不需要全盤否定整幅畫的價值，若是事物不變的本質處理不當，那整張畫也就失去價值了。正因為它的外觀沒有固定的形態，所以對於它的內在本質更不可不謹慎對待。世上善於作畫的人，有的能將事物外在形態畫得極為精巧，然而對於畫作內在的不變本質，除了有卓越出眾才藝的高人以外，其他人是難以分辨出來的。

8. **A**

【解析】 依據引文，從「馬勒教導我們，不一定要貝多芬的邏輯和意義，生活可以每一段都很愉快，不一定死要逗成一整塊。……破碎的雞蛋殼怎麼拼得圓滿光滑呢？」可知作者認為「品味人生，無須求全」。

9-10 為題組

9. **D**

【解析】 (A) 由引文可知，「壹」到「多」的過程為「量變到質變」，而非「多元化」發展。

(B)、(C) 文中無此意。

10. **B**

【解析】 由引文「一本《縱橫學讀本》孤零零地上市……納入『實用歷史書系』」以及「把不定期選刊的一首小詩，改成在每月月底集中織成一幅詩繡」可知與 (B) 選項之例同為「聚集同性質物品」較符合。

11-12 為題組

11. **D**

【解析】 (A) 蕭翔耀為中央大學天文觀測員,合理判斷在中央大學所設立的「鹿林天文台」觀測發現小行星。

(B) 文章第四段,蕭翔耀在 2008 年發現小行星;文章第一段,2018 年小行星正式以「陳樹菊」之名在天空閃耀。

(C) 文章第一段,編號 278986;文章第四段,名字是 Chenshuchu。

(D) 文章第三段,臺灣首度發現並以人名命名的小行星,應為 2008 年的「吳大猷」。

12. **D**

【解析】 (A) 文章第二段,臨時編號為「發現年份加上英文字母」。

(B) 文章第二段,運行軌道確認後,可獲得正式命名:永久編號加上名字。

(C) 文章第二段,發現者擁有命名權,但不限於該國特殊貢獻人士之名。

(D) 文章第三段,臺灣 2002 年首度觀測到新的小行星,2007 年 145523 號小行星正式命名為「鹿林」。

13-14 為題組

13. **C**

【解析】 (A) 兩則引文皆看不出作者是否偶爾回故居暫住。

　　(B) 甲文爲作者雙親的對話，並非作者與親人。

　　(D) 由甲文母親「常打包芒果寄往台北」可知，作者應無與家人同住 62 年之久。乙文的 5 年指的是「成文後的 5 年」而非「娶妻後的 5 年」。可知作者與妻同住故居不到 11 年。

14. **B**

　【解析】(A) 甲文的芒果樹象徵對父母與故居的情感。且由甲文首段可知，父母已相繼離世。

　　　　　(C) 二文皆無作者植樹的相關敘述。乙文的枇杷樹爲歸有光亡妻所植。

　　　　　(D) 二文皆透過樹在人去，表達對親人的思念，與「領悟生死有命」無關。

　【語譯】乙、我寫了這篇文章之後，過了五年，我的妻子嫁來我家，她時常來到我的書房，向我問一些古代的事情，有時伏在桌旁學寫字。妻子回娘家探親，回來轉述她小妹的話：「聽說姐姐家有個『閣子』，那麼，什麼是『閣子』呢？」之後再六年，我的妻子去世，項脊軒損壞了也沒有整修。又過了兩年，我長時間臥病在床，頗爲無聊，就派人修繕南閣子，格局跟過去稍有不同。然而這之後我多在外地，不常住在這屋裡。

　　　　　庭院中有一株枇杷樹，是我妻子去世那年她親手種植的，如今已經高高挺立，枝葉繁茂如傘了。

15-17 為題組

15. **D**

【解析】 (D) 由引文，徐霞客的文風在於「精詳」與「真實」，
　　　　　且「直敘情景，未嘗刻畫為文」可知「華藻曲筆」
　　　　　為非。

【語譯】 文人雅士和見識不凡之人多半喜歡談旅遊，其實旅遊
　　　　　是不容易深談的。……只在淺處遊，不能發掘新奇；
　　　　　只是隨興遊，不能暢快盡情；與群眾同遊，不能維持
　　　　　長久。如果不是將物質置之度外，拋開一切俗事而單
　　　　　獨盡興旅遊，即使去遊了，也等於沒有遊一樣啊！我
　　　　　看往昔許多名人寫的遊記，再以自身目睹與遊歷的體
　　　　　驗，發現他們的遊記往往如同只品嘗鍋中一塊肉，或
　　　　　是只穿上衣服一小截般，僅觸及了一些皮毛，卻很少
　　　　　寫盡山林的幽深。……徐霞客的遊記，書寫中原地區
　　　　　部分並無特別過人之處；他的遊記最奇絕精彩之處，
　　　　　在福建、廣東、湖北、四川、雲南、貴州等南方邊荒
　　　　　地區，竟然往返了四次之多。他的旅途不走官道大路，
　　　　　只要有出色景點，總是不怕繞路與路途艱辛地前往該
　　　　　處；他先觀察山脈的原理與走向，以及河流水文的分
　　　　　流、聚合，已經掌握基本山川形勢之後，每座山丘、
　　　　　溪谷，他都仔細地深入遊覽。登山不一定要依賴既成
　　　　　道路，即使是叢生草木的荒山野嶺，他從來沒有到不
　　　　　了的。……遊記文章按照日期編排次序，直接把情景
　　　　　如實呈現，從來不刻意雕琢字句。……所以我對於徐
　　　　　霞客的遊記，不在於佩服他的氣象宏大，而是佩服他
　　　　　的記錄精細而周詳；我對於徐霞客的書，不讚美他的

論說廣博,而是讚美他的書寫真實無欺。……徐霞客
旅遊的目的究竟何在?正因他旅遊沒有特定的目的,
所以能夠心志專一;因為心志專一,所以獨自旅行;
因為獨自旅行,所以去來自如不受限制,任何地方都
能去。我猜測大概是造物主不希望這些山川靈異美景
秘境長久不能被人們發現,所以才誕生徐霞客這個人
來揭露給大眾吧。

16. **C**

【解析】 (A) 從「峰迴路轉」一句可知,此處是有路可行的。
(出自歐陽脩〈醉翁亭記〉)

(B) 從西湖遊客眾多可推測應有一條明確路線供人遊
覽。(出自袁宏道〈晚遊六橋待月記〉)

(C) 從「緣染溪,斫榛莽,焚茅筏,窮山之高而止」,
可以知道此處並沒有一條具體的「路」,最能呼應
題目「其行不從官道」、「登不必由徑」。(出自柳
宗元〈始得西山宴遊記〉)

(D) 敘寫眾人聚會及蘭亭週遭美景,並未提到交通狀
況。(出自王羲之〈蘭亭集序〉)

17. **D**

【解析】 (A) 由引文「志專,故行獨;行獨,故去來自如」可
知「人際交流」為非。

(B) 由引文「不從官道」、「不必有徑」可知「沿縣道
公路」為非。

(C) 由引文「閩粵楚蜀滇黔,百蠻荒徼之區」及「行
獨」可知「田園」與「背包客」為非。

18-21 為題組

18. B

　【解析】(A) 從「法國農民稱玉米為西班牙小麥」，以及「哥倫
　　　　　　布幫助西班牙王室探勘美洲」，可推論西班牙的玉
　　　　　　米種植應早於法國。
　　　　　(C) 玉米在 17 世紀才成為多數地區主食。
　　　　　(D) 由引文「他們種小麥也種玉米，前者出口，後者自
　　　　　　用」可知玉米並未出口。

19. A

　【解析】(B) 由引文「玉米田單位面積容量是小麥田的兩倍」，
　　　　　　可推測在有限的耕地中，小麥與玉米的產量不會為
　　　　　　正比。
　　　　　(C)、(D) 文中皆未提及氣溫及雨量對產量的影響，且
　　　　　　不符常識。

20. B

　【解析】由引文可知，玉米與馬鈴薯為新大陸發現後才由美洲
　　　　　傳入歐洲，故甲正確。
　　　　　由引文「青椒、番茄、四季豆、美國南瓜，應該會讓
　　　　　印地安老兄備感親切」可知美洲早有種植，故乙錯誤。

21. B

　【解析】由 (B) 選項，玉米產量比小麥高出很多，可推測較符合
　　　　　引文「奧拉撒奇當地比較窮困的農民」以及「他們僅
　　　　　有的幾畝地」的敘述。

<u>22-24 為題組</u>

22. **C**

【解析】 (A) 「疏離」指「科學工作者」與前輩大師的關係，並非「一般人」，且與「不易理解科學知識」無關。

(B) 「搞錯了方向」指科學研究者去關注人與人的關係，且與培育科學人才、重視基礎研究無關。

(D) 「這個人」指《紅樓夢》的研究核心不僅關注「作品」，更能延伸至「作者」層面。

23. **D**

【解析】 (A) 科學工作者並非不敬重前輩大師，而是較關注科學成就。

(B) 科學工作者並未追求以物取代人，而是著重物與人的關係。

(C) 文學藝術工作者並非不重視「創造物」的客觀考證。

24. **B**

【解析】 由引文最後一段「不同階段所停留過的地方」、「心愛的小提琴」、「人味和精神」可知。乙、工人之子；丙、小修理店；戊、英格蘭製造商伯爾頓長期合作；己、阻止他人獲得專利，較符合「人味和精神」的作者理念，故選擇 (B)。

25-27 為題組

25. **C**

【解析】　東方傳統戲曲講求虛構大於現實（通常只有一張桌
子），故舞台不必然出現梅樹，甲正確。
雖然意境比實境重要，但演員仍需有唱作念打的表達，
否則難以呈現戲劇內容，且「不必」語氣過於絕對，
故乙錯誤。

26. **A**

【解析】　(B) 引文並未提及「不同年齡層與演員相互切磋」。

(C) 引文並未提及「演出角色將如星芒般耀眼」。

(D) 引文之例為老演員詮釋青春少女，可視為跨越年齡
侷限，但跨越年齡侷限也可以是年輕演員詮釋高齡
角色，故與資料不符。

27. **A**

【解析】　(B) 引文重點在於老演員虛擬青春少女所展現出來的驚
心動魄，重點並非讓觀眾延續杜麗娘的青春綺夢。
（附註：此選項恐有爭議）

(C) 引文並未提及「開拓新的觀眾群」。

(D) 演員與觀眾都曾有青春情懷。

28-30 為題組

28. **C**

【解析】　(C) 「羅大佑的『大人世界』，把整個時代挑在肩上」
敘述正確，但「省視個人生命內在的惶惑」，較符
合李宗盛的敘述。

29. **B**

【解析】(A)「直白而不失詩意」較符合李宗盛的敘述。

(C) 由引文「一洗『校園民歌』的學生腔、文藝腔」可知錯誤。

(D) 引文並未提及李宗盛具有「邏輯辨證」,且「煽情與輕盈」文意不完足。

30. **A**

【解析】(A) 由「紅色的污泥」、「白色的恐懼」、「西風在東方」可知較有「歷史國族」的情懷(出自羅大佑〈亞細亞的孤兒〉,此歌為 1979 年「中美斷交」而寫,後因電影《異域》常被用於象徵泰北孤軍)。

(B) 談愛情(出自李宗盛〈生命中的精靈〉)。

(C) 給女兒(出自李宗盛〈遠行〉)。

(D) 談愛情(出自羅大佑〈戀曲 1990〉)。

31-32 為題組

31. **D**

【解析】由引文「越巫自詭善驅鬼」及「死則誘以它故,終不自信其術之妄」可知,越巫的行為乃是「無知自是,誤人害己」。

32. **C**

【解析】(A)「相聚各里所」是少年為了「候巫過,下砂石擊之」,並非對越巫心存畏怯。

(B) 越巫本無法力,與法力減弱無關。

(D) 以「行聞履聲及葉鳴谷響,亦皆以為鬼號」凸顯越巫心中恐懼以致於草木皆兵。

【語譯】　越巫對外聲稱擅長驅鬼，只要有人病了，他就築起壇場，吹號角，搖鈴鐺，邊跳邊叫，跳著胡旋舞，為人祈福消災。如果病人的病碰巧好了，他就向病人家屬索取飲食，拿了錢就離開；如果病人死了，他總是用許多理由推託卸責，從來就不承認是自己的法術失誤。他還常常向別人炫耀說：「我最擅長驅鬼了，鬼無法抵抗我。」村裡頭有一群不良少年，對越巫這種欺騙行為相當不以為然。他們窺伺越巫夜晚歸家，五六個人相約在路上，每個人相距一里，埋伏在路邊的樹上，等越巫經過，就投下砂石嚇他。越巫以為真的有鬼，立刻吹號角搖鈴鐺，邊吹邊跑，心中非常害怕，頭愈發煩悶沉重，已經不知道自己走到哪兒了。好不容易往前走了幾步，心情剛平靜下來，樹上又開始落下砂石，他又繼續吹角搖鈴，吹得不成聲調，跑得也更急了。再往前跑幾步，又是同樣的情況，他嚇得雙手發軟，恐懼萬分，角已經吹不出聲音，掉到地上。搖鈴鐺，不久鈴鐺也掉了，他只好大叫著往前走。他聽見自己走路聲，以及周遭樹葉、山谷發出的聲響，都以為是鬼在叫，只好向人哀嚎求救。半夜回到家，大哭大喊地敲著門，妻子問他原因，越巫縮著舌頭說不出話，只是指著床說：「快扶我到床上去，我遇到鬼了，今天活不成了。」剛扶到床上，越巫就膽囊破裂，死亡，全身呈藍色。越巫一直到死都不知道自己遇上的根本就不是鬼。(方孝孺〈越巫〉)

33-34 為題組

33. C

【解析】 由引文「見能言之鸚鵡，乃指為鳳凰、鷺鷥」可知世風之弊在於 (C)「蔽於表象，不辨虛實不務踐履」。

34. A

【解析】 (A) 由引文「下以言語為學，上以言語為治，世道之所以日降也」可知文意為「訥於言」，而「及到做來，只是不廉不義」可判斷為「敏於行」。「君子欲訥於言而敏於行」：君子說話應求謹慎，做事則需敏捷。（出自《論語・里仁》第四）

(B) 「寡言者可以杜忌，寡行者可以藏拙」：慎言、少說話，才能避免遭到他人妒忌和怨恨；慎行，不顯露鋒芒可以隱藏弱點，不招惹是非。（出自《曾文正公全集》）

(C) 「言行，君子之樞機，樞機之發，榮辱之主也」：君子的言行，是一身的關鍵樞紐，關鍵樞紐一發動，就關係到一生的榮辱。（出自《周易・繫辭》上）

(D) 「聽言觀行，不以功用為之的彀，言雖至察，行雖至堅，則妄發之說也」：聽取言論、觀察行為，不以「功用」為範圍目的，即使言論清晰、行為剛直，也不過是些胡言亂語罷了。（出自《韓非子・問辯》）

【語譯】 上蔡先生（謝良佐）說：「可以參透名、利意涵時，才是真能取得自處所在。現在的為官者不值一提，他們不過是會說話的鸚鵡罷了。」朱文公（熹）說：「現在的書生，教他說『廉』，只是會說『廉』；教他說『義』，只是會說『義』。等到行動時，卻盡做些不廉不義的

事。」這就是會說話的鸚鵡。下位者只學如何說話，上位者只用空話去統治天下，這就是世道日益敗壞的原因。然而有些人看到這些會說話的鸚鵡，竟然把牠們當成是鳳凰、鷺鷥，唯恐沒有把牠們豢養在帝王的園林中，這不是很奇怪嗎？（羅大經〈能言鸚鵡〉）

二、多選題

35. **AE**

【解析】(A) 離開。出自范仲淹〈岳陽樓記〉／離開。出自司馬遷《史記·鴻門宴》

(B) 成為。出自劉基《郁離子·良桐》／句末助詞，表示疑問、反詰。出自屈原〈漁父〉

(C) 叩頭。出自蒲松齡《聊齋誌異·勞山道士》／詢問。出自方苞〈左忠逸公軼事〉

(D) 端正的。出自蘇軾〈赤壁賦〉／不安全。出自魏徵〈諫太宗十思疏〉

(E) 供養、侍候。出自杜光庭〈虯髯客傳〉／供養、侍候。出自黃宗羲〈原君〉。

36. **BDE**

【解析】(A) 「窮形盡相」：原指描寫刻劃細緻生動，現指醜態畢露。

(B) 「諱莫如深」：比喻隱瞞得非常嚴實，不為外人所知。

(C) 「差強人意」：勉強使人滿意。本指非常振奮人心，後來指大體上尚能令人勉強滿意。

(D)「耿耿於懷」：有心事牽絆，不能開懷的樣子。

(E)「慘澹經營」：費盡心思辛辛苦苦經營籌畫，或在困難的境況中艱苦地從事某種事業。

37. BDE

【解析】 題幹「縱使……卻依然……」（縱使……也……）為假設複句。

(A)、(C) 為並列複句

(B)、(D)、(E) 為假設複句。

38. ABCE

【解析】 (C) 由乙資料「今人謂賤丈夫曰漢子」及「宣帝」之例可知，「漢子」一詞含有貶義。但由甲資料「田登自諱其名」之例推測，宗漢不喜他人觸犯名諱未必與貶義全然相關。(此題恐有爭議)

(D)「舉州皆謂燈為火」、「舉宮皆然」，顯示州民、宮人因避諱而不得不的舉措，且文意帶有反諷，故「欣然」為非。

【語譯】 甲、田登擔任州官，他忌諱別人直呼自己名字，觸犯了這條規矩的人，他必大怒。許多官吏、兵卒因此遭受鞭打。於是全州都稱「燈」為「火」。上元節放燈，官府允許人們在州內轄區遊覽賞玩，官吏就在公布於鬧市的文書上寫著：「本州按照慣例放火三天。」

乙、今人稱「卑劣貪鄙的男子」叫「漢子」，這個說法是從五胡亂華時期開始的。北齊魏愷從散騎常侍被升遷為青州長史，他卻堅推辭派令。北齊宣帝非常

生氣：「這漢子是什麼東西，給他官都不作！」這就是明證。這個說法持續相承，有位皇族名叫「宗漢」，自然不喜歡被人冒犯名字，於是把「漢子」叫作「兵士」，宮裡上下人也只能這樣說。他的妻子供奉羅漢，他的孩子被教導《漢書》，宮中人便說：「今天夫人召見僧人供奉十八大羅兵士，邀請有學識的太保教孩子學習兵士書。」京城地區人民喧譁吵雜地傳為笑談。

39. ABD

【解析】 (C) 乙詩並無「景物今昔」之變化。

(D) 甲詩典故為「後庭花」，出自陳後主為張貴妃所作〈玉樹後庭花〉，後喻為亡國之音。乙詩典故為鄭成功「騎鯨」，相傳鄭成功騎乘白鯨轉世。

(E) 乙詩並無詩人移動軌跡的相關敘述。

【語譯】 甲、六朝皇宮（臺城）一朝比一朝豪華，尤其陳後主的「結綺宮」和「臨春宮」最為豪奢。如今千門萬戶的樓閣成了荒煙蔓草，要問起其中的原因，恐怕就因為一曲〈玉樹後庭花〉吧。

乙、轟轟作響的鹿耳門潮水逐漸平靜，看盡這些政權盛衰興亡使人眼力困乏。惆悵的是當年鄭成功騎乘白鯨轉世之後，這片江山如今又是屬於何人呢？

40. CDE

【解析】 (A) 由引文「入宋……詞不限於綺語」可知，宋代詞是「題材擴大」而非「停止書寫纖辭美韻」，故「不復」為非。

(B) 題幹資料並未提及宋代詞因「篇幅長而音節漸失，難以演唱」，故不選。且宋代僅有部分豪放詞不可歌，其餘詞作通常可歌。

41. **ACE**

【解析】(B) 孔子「玉帛云乎哉」的看法指：憂心「禮」的形式大於內容，故敘述宜改為「尚其文不尚其意」。

(D) 朱熹用「謀用是作，而兵由此起」來詮釋老子意旨，並非認為老子對禮缺乏深度認知。

【語譯】老子：背離了道的標準，就彰顯德；背離了德的標準，就彰顯仁；背離了仁的標準，就彰顯義；背離了義的標準，就彰顯禮。當降低至禮時，社會的忠信風氣已經很低而接近亂世了。

孔子：禮呀禮呀，難道僅僅指玉帛之類的禮器嗎？樂呀樂呀，難道僅僅指鐘鼓之類的樂器嗎？

吳子良：老子對於禮的觀念，是推崇禮的精神而不重視禮的文字，然而若是禮的文字廢除了，禮的精神也沒辦法獨立存在。這是老子警戒文字的弊害，卻矯枉過正的言論啊。

42. **AD**

【解析】題幹要求使用「比喻方式」與「強化對比」作用答題。

(B) 有比喻但無對比。

(C) 雖有比喻，也有對比，但非用於強化作用，故不選。

(E) 有比喻，無對比。

108 年大學入學學科能力測驗試題
國語文寫作能力測驗

非選擇題（共二大題，占 50 分）

說明：本部分共有二題，請依各題指示作答，答案必須寫在「答案卷」
上。第一題限作答於答案卷「正面」，第二題限作答於答案卷
「背面」。作答使用筆尖較粗之黑色墨水的筆書寫，且不得使
用鉛筆。若因字跡潦草、未標示題號、標錯題號等原因，致評
閱人員無法清楚辨識，其結果由考生自行承擔。

一、

　　糖對身體是有好處的，運動過後或飢餓時，適當地補充糖會讓
我們迅速恢復體力。科學研究也發現，大腦細胞的能量來源主要來
自葡萄糖，當血糖濃度降低時，大腦難以順利運轉，容易注意力不
集中，學習或做事效果不佳。不過，哈佛醫學院等多個研究機構指
出，高糖飲食會增加罹患乳癌及憂鬱症等疾病的風險；世界衛生組
織也指出，高糖飲食是造成體重過重、第二型糖尿病、蛀牙、心臟
病的元兇，並建議每日飲食中「添加糖」的攝取量不宜超過總熱量
的 10%。以每日熱量攝取量 2000 大卡為例，也就是 50 公克糖。我
國國民健康署於民國 103 年至 106 年的「國民營養健康狀況變遷調
查」中，有關國人飲用含糖飲料的結果如圖 1、圖 2 所示。

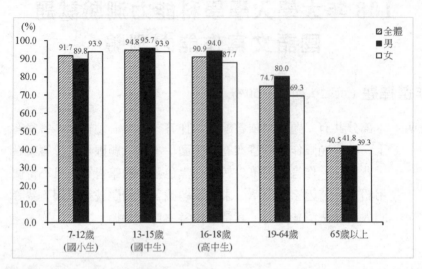

圖 1、國人每週至少喝 1 次含糖飲料之人數百分比

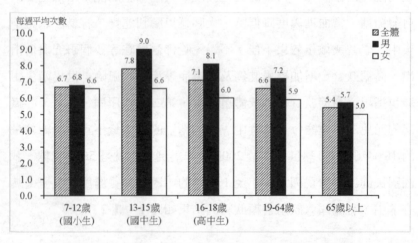

圖 2、國人每週至少喝 1 次含糖飲料者,其每週平均喝的次數

請分項回答下列問題。

問題（一）：國民健康署若欲針對 18 歲（含）以下的學生進行減糖宣
　　　　　　導，請依據圖 1、圖 2 具體說明哪一群體（須註明性別）
　　　　　　應列為最優先宣導對象？理由為何？文長限 80 字以內
　　　　　　（至多 4 行）。（占 4 分）

問題（二）：讀完以上材料，對於「中、小學校園禁止含糖飲料」，你
　　　　　　贊成或反對？請撰寫一篇短文，提出你的看法與論述。文
　　　　　　長限 400 字以內（至多 19 行）。（占 21 分）

二、

甲

　　（陶潛）為彭澤令。不以家累自隨，送一力給其子，書曰：「汝
旦夕之費，自給為難。今遣此力，助汝薪水之勞。此亦人子也，可
善遇之。」（《南史‧隱逸‧陶潛傳》）

> 力：勞役、人力。
> 旦夕之費：日常的花費。
> 薪水：打柴汲水。

乙

　　飯後，眾人各自有事離去，留下貞觀靜坐桌前默想。她今日的
這番感慨，實是前未曾有的。

　　阿啟伯摘瓜，乃她親眼所見。今早，她突發奇想，陪著外公去
巡魚塭，回來時，祖孫二人，都在門口停住了，因為後門虛掩，阿
啟伯拿著菜刀，正在棚下摘瓜，並未發覺他們，祖孫二個都閃到門
背後。貞觀當時是真愣住了，在那種情況下，是前進呢？抑是後退？
她不能很快作選擇。

　　然而這種遲疑也只有幾秒鐘，她一下就被外公拉到門後，正是屏息靜氣時，老人家又帶了她拐出小巷口，走到前街來。

　　貞觀人到了大路上，心下才逐漸明白：外公躲那人的心，竟比那偷瓜的人所做的遮遮掩掩更甚！

　　貞觀以為懂得了外公的心意：他怕阿啓伯當下撞見自己的那種難堪。

　　事實上，他還有另一層深意，貪當然不好，而貧的本身沒有錯。外公不以阿啓伯為不是，是知道他家中十口，有菜就沒飯，有飯就沒菜。（改寫自蕭麗紅《千江有水千江月》）

　　閱讀甲、乙二文，分項回答下列問題。

問題（一）：請依據甲、乙二文，分別說明陶潛對於人子、外公對於阿啓伯的善意。文長限 120 字以內（至多 6 行）。（占 7 分）

問題（二）：陶潛或者外公對他人的善意，你可能也曾見聞或經歷過，請以「溫暖的心」為題，寫一篇文章，分享你的經驗及體會。（占 18 分）

108年度學科能力測驗國語文寫作能力測驗

非選擇題（共二大題，占 50 分）

第一大題

問題（一）

　題目分析：

　　需正確解讀長條圖資訊，並明確寫出哪一族群應列為最優先宣導對象。可寫出數據。

　作答參考：

　　國健署應以國中（13-15 歲）男生為最優先宣導對象。綜合圖 1 與圖 2 可知，國中男生每週至少喝一次含糖飲料的比例最高（95.7%），當中每週平均喝的次數也是最多（9 次），均超出其他群體。

問題（二）

　題目分析：

　　對於「贊成」或「反對」的立場，應明確表態。內文應力求格式清晰、段落條理井然、言之有物。

　　可善用引文資料作為論述基礎，表明立場。建議可先寫出立場，對於含糖飲料在校園中的狀況與應否禁止的觀點簡單分析。再針對自身立場深入論述，可分點陳述原因並適度建議或舉例。結語再次申明立場。

作答參考 1：

　　我贊成「中小學校園禁止含糖飲料」。

　　糖是維持身體機能的必須物質，適度的攝取可使身體迅速恢復體力，且有助於升高血糖濃度，使注意力集中，提高學習或做事效率。然而，過量攝取糖有可能造成體重過重、蛀牙，甚至增加罹患憂鬱症、乳癌等諸多疾病的風險。

　　為了維護身心健康，有必要控制糖的食用。我認同「中小學校園禁止含糖飲料」的措施，原因如下：首先，健康的人民是國家的根本，校園中禁止含糖飲料的成效不僅及於學生，對整個社會也有示範作用。其次，中小學階段是身體發育的黃金期，應盡可能地攝取均衡飲食。再者，透過中小學校園的宣導與教育，較容易從小養成少喝含糖飲料的習慣。

　　大街小巷隨處可見的手搖杯店家，使台灣成為馳名國際的「飲料王國」，但相對的也增加國人罹病的風險。透過「中小學校園禁止含糖飲料」措施的推行，不僅有助於學童身體健康，或許也能促使商家激發創意，推出更多對健康較少負擔的無糖或低糖飲料，進而增進全體國人的健康。

作答參考 2：

　　我反對「中小學校園禁止含糖飲料」。

　　糖是維持身體機能的必須物質，適度的攝取可使身體迅速恢復體力，且有助於升高血糖濃度，使注意力集中，提高學習或做事效率。然而，過量攝取糖有可能造成體重過重、蛀牙，甚至增加罹患憂鬱症、乳癌等諸多疾病的風險。

　　雖然過度攝取糖有害健康，但我並不贊同「中小學校園禁止含糖飲料」的措施，原因如下：首先，糖確實對人體有其益處，

校園全面禁止或許會造成部分學生體力不繼、注意力渙散。其次，「禁止」的推行手段恐造成反效果，這個立意良善的措施很可能使學生在校外代償性地喝入更多含糖飲料，且校方將更難掌握飲品的來源與衛生。再者，糖的攝取來源並非只有飲料，限制含糖飲料的做法不僅不能治本，更是一種歧視。

學童的飲食是否均衡，最關鍵處還是在於學校、家庭的教育，教師與家長應以身作則，並時時留意學童的營養攝取，才是釜底抽薪之計。若只以單方面的「校園禁止含糖飲料」來應對學童健康問題，恐怕難有成效。

第二大題

問題（一）

甲文翻譯：

陶淵明當彭澤縣縣令時，並未帶著家眷隨行赴任。他送了一個長工給他的兒子，並且附了一封信：「你日常的花費，自己過活是有些困難的。所以現在我派遣一個長工，來協助你生活上的事務。他也是別人家的兒子，你可要好好的對待他。」

題目分析：

甲文中，陶潛派遣一個長工給自己的兒子，但他並不「獨親其親，獨子其子」，而是提醒自己兒子應該對長工加以體恤。建議扣緊「此亦人子也，可善遇之」加以發揮。乙文中，外公之所以不揭發阿啟伯，是知道他經濟不寬裕，生活辛苦。這是一種「推己及人」的思考。

題旨要求「分別說明」，應找出兩者差異。應留意篇幅分配，勿偏重一方。

作答參考：

甲文中陶潛認為長工「亦人子也」，這是對子慈愛的延伸，故要求兒子應將心比心地善待之。展現「幼吾幼以及人之幼」的仁愛精神。

乙文中外公理解阿啟伯生活辛苦，貧窮亦非其所願，拆穿偷竊行為只是增加他的難堪。展現「己所不欲，勿施於人」的恕道精神。

問題（二）

題目分析：

就題目而言，須扣緊溫暖的「事件」與「心情、心境」的描摹。如果只寫出溫暖之「事」，卻沒針對「心」境詳加描摹，可能會有離題風險。

舉例時，須注意：1、貼合陶潛所展現的仁心或外公對阿啟伯「己所不欲，勿施於人」的恕道精神。2、避免舉太過普遍的例子（如陳樹菊、十元便當阿嬤），盡量以自身所「見聞」與「經歷」的事件來書寫。3、除了書寫自己的「心情」與感受，亦應對接收者（或給予者）的當下狀態有所描述。可營造事件前後心境的「轉變」，以強化對比。

最後可以更進一步思考，溫暖的行為是如何牽動人心的？未來又可以如何運用這份溫暖的力量「推己及人」？

作答參考：溫暖的心

「此亦人子也，可善遇之。」看著這句話，我想起了一雙在黑框鏡片後的溫柔眼眸。

小學一年級時，媽媽便離開家了。我們鮮少聯絡，頂多也只

能在生日時一起慶祝。爸爸則是因工作繁忙，沒能參與我小學的第一場班親會。當時，我一個人坐在位子上，慌張地看著前方。我最要好的朋友走了過來，滿臉疑惑地問：「妳的爸爸媽媽呢？」她的身旁有位女子注視著我，眼神中流露出憐憫的柔情。我倔強地不想被發現我的孤獨，只顧著低頭撥弄便當盒中已然冰冷的飯菜。

中年級時，惱人的班親會又到了。看著教室內坐滿了的家長彼此熱絡地閒話家常，而在我一旁的空位卻被拿來堆放作業簿，心裡不免流過一絲酸楚。正當我認命地打開便當時，一位身材高挑、戴著厚重黑框眼鏡的女人走進門，挪開了空位上的作業簿，在我身邊坐下。當我訝異地想開口說話時，她用和兩年前一樣的眼神看著我說：「今天，讓我來當妳的媽媽，好嗎？」我輕輕地點了點頭，卻按捺不住淚水的滑落。在那個瞬間，我彷彿覺得她和媽媽有幾分神似。我慢慢地扒了口飯，嚐到的卻已不再是酸苦。

我曾聽過一句話：「人都是孤獨地被拋擲在這世上的。」人的降生無所依傍，離別亦是孑然一身，依賴他人不會是最好的解決方法。因此我們必須裝備自己，在孤獨中學會堅強。但也因我們都能體會孤獨時的不安與苦澀，所以偶爾是否也能停下腳步，用自己的溫暖，替他人解凍緊閉的窗扉呢？

時至今日，我已習慣獨處，也不再害怕旁人問起我的家庭。但我仍能清楚記得她當晚的模樣，那副黑框眼鏡、視盼溫柔的雙眸，以及那顆改變了我，讓我不再耽溺於孤獨的——溫暖的心。

（南崁高中林書晴同學撰）

【附錄】

108年度學科能力測驗
英文考科公佈答案

題號	答案	題號	答案	題號	答案
1	C	21	D	41	A
2	C	22	C	42	B
3	D	23	C	43	D
4	B	24	A	44	C
5	B	25	A	45	B
6	C	26	B	46	D
7	B	27	B	47	D
8	A	28	D	48	A
9	A	29	D	49	C
10	B	30	B	50	D
11	A	31	G	51	B
12	D	32	E	52	B
13	D	33	F	53	C
14	B	34	B	54	B
15	C	35	D	55	A
16	C	36	C	56	D
17	D	37	H		
18	B	38	J		
19	B	39	I		
20	A	40	A		

108年度學科能力測驗
國文、數學考科公佈答案

國 文				數 學					
題號	答案	題號	答案	題號	答案	組	題號	答案	
1	D	22	C	1	3		22	2	D
2	A	23	D	2	1		23	1	
3	C	24	B	3	3		24	5	
4	C	25	C	4	5		25	1	E
5	A	26	A	5	4		26	3	
6	B	27	A	6	2		27	2	F
7	D	28	C	7	1,4		28	3	
8	A	29	B	8	4,5		29	−	G
9	D	30	A	9	3,5		30	3	
10	B	31	D	10	1,2				
11	D	32	C	11	3,5				
12	D	33	C	12	1,2,5				
13	C	34	A	13	3,4				
14	B	35	AE	14	−	A			
15	D	36	BDE	15	4				
16	C	37	BDE	16	2				
17	D	38	ABCE	17	9	B			
18	B	39	ABD	18	4				
19	A	40	CDE	19	1	C			
20	B	41	ACE	20	0				
21	B	42	AD	21	5				

108年度學科能力測驗
社會考科公佈答案

題號	答案	題號	答案	題號	答案	題號	答案
1	D	21	C	41	A	61	C
2	C	22	A	42	C	62	B
3	D	23	C	43	D	63	D
4	A	24	D	44	B	64	C
5	B	25	C	45	D	65	D
6	B	26	C	46	A	66	B
7	B	27	B	47	C	67	D
8	C	28	C	48	A	68	B
9	C	29	A	49	B	69	A
10	A	30	C	50	C	70	C
11	C	31	B	51	A	71	D
12	A	32	D	52	C	72	C
13	B	33	D	53	D		
14	D	34	C	54	A		
15	A	35	C	55	D		
16	D	36	A	56	B		
17	B	37	D	57	C		
18	C	38	A	58	B		
19	B	39	D	59	A		
20	B	40	A	60	D		

108年度學科能力測驗
自然考科公佈答案

題號	答案	題號	答案	題號	答案	題號	答案
1	B	21	AD	41	CD	61	BCD
2	C	22	BCE	42	BDE	62	BE
3	D	23	CE	43	BD	63	D
4	B	24	AC	44	D	64	E
5	D	25	CD	45	A	65	A
6	E	26	AD	46	A	66	C
7	D	27	ADE	47	BCE	67	BC
8	D	28	BC	48	E	68	ADE
9	C	29	ACE	49	E		
10	E	30	AE	50	C		
11	B	31	BCD	51	A		
12	B	32	AD	52	BD		
13	E	33	ABD	53	D		
14	C	34	BCE	54	C		
15	A	35	B	55	B		
16	B	36	A	56	A		
17	ACD	37	D	57	B		
18	BD	38	A	58	D		
19	BD	39	D	59	D		
20	CE	40	CE	60	D		

108 年學科能力測驗各科試題詳解

售價：220 元

主　　　編 / 劉　毅

發　行　所 / 學習出版有限公司　　☎ (02) 2704-5525

郵 撥 帳 號 / 05127272 學習出版社帳戶

登　記　證 / 局版台業 *2179* 號

印　刷　所 / 裕強彩色印刷有限公司

台 北 門 市 / 台北市許昌街 10 號 2F　　☎ (02) 2331-4060

台灣總經銷 / 紅螞蟻圖書有限公司　　☎ (02) 2795-3656

本公司網址 / www.learnbook.com.tw

電 子 郵 件 / learnbook@learnbook.com.tw

2019 年 3 月 1 日初版

4713269383178

高三同學要如何準備「升大學考試」

考前該如何準備「學測」呢？「劉毅英文」的同學很簡單，只要熟讀每次的模考試題就行了。每一份試題都在7000字範圍內，就不必再背7000字了，從後面往前複習，越後面越重要，一定要把最後10份試題唸得滾瓜爛熟。根據以往的經驗，詞彙題絕對不會超出7000字範圍。每年題型變化不大，只要針對下面幾個大題準備即可。

準備「詞彙題」最佳資料：

背了再背，背到滾瓜爛熟，讓背單字變成樂趣。

考前不斷地做模擬試題就對了！

你做的題目愈多，分數就愈高。不要忘記，每次參加模考前，都要背單字、背自己所喜歡的作文。考壞不難過，勇往直前，必可得高分！

練習「模擬試題」，可參考「學習出版公司」最新出版的「7000字學測試題詳解」。我們試題的特色是：
①以「高中常用7000字」為範圍。②經過外籍專家多次校對，不會學錯。③每份試題都有詳細解答，對錯答案均有明確交待。

「克漏字」如何答題

　　第二大題綜合測驗（即「克漏字」），不是考句意，就是考簡單的文法。當四個選項都不相同時，就是考句意，就沒有文法的問題；當四個選項單字相同、字群排列不同時，就是考文法，此時就要注意到文法的分析，大多是考連接詞、分詞構句、時態等。「克漏字」是考生最弱的一環，你難，別人也難，只要考前利用這種答題技巧，勤加練習，就容易勝過別人。

準備「綜合測驗」（克漏字）可參考「學習出版公司」最新出版的「7000字克漏字詳解」。

本書特色：

1. 取材自大規模考試，英雄所見略同。
2. 不超出7000字範圍，不會做白工。
3. 每個句子都有文法分析。一目了然。
4. 對錯答案都有明確交待，列出生字，不用查字典。
5. 經過「劉毅英文」同學實際考過，效果極佳。

「文意選填」答題技巧

　　在做「文意選填」的時候，一定要冷靜。你要記住，一個空格一個答案，如果你不知道該選哪個才好，不妨先把詞性正確的選項挑出來，如介詞後面一定是名詞，選項裡面只有兩個名詞，再用刪去法，把不可能的選項刪掉。也要特別注意時間的掌控，已經用過的選項就劃掉，以免重複考慮，浪費時間。

準備「文意選填」，可參考「學習出版公司」最新出版的「7000字文意選填詳解」。

特色與「7000字克漏字詳解」相同，不超出7000字的範圍，有詳細解答。

「閱讀測驗」的答題祕訣

① 尋找關鍵字——整篇文章中，最重要就是第一句和最後一句，第一句稱為主題句，最後一句稱為結尾句。每段的第一句和最後一句，第二重要，是該段落的主題句和結尾句。從「主題句」和「結尾句」中，找出相同的關鍵字，就是文章的重點。因為美國人從小被訓練，寫作文要注重主題句，他們給學生一個題目後，要求主題句和結尾句都必須有關鍵字。

② 先看題目、劃線、找出答案、標題號——考試的時候，先把閱讀測驗題目瀏覽一遍，在文章中掃瞄和題幹中相同的關鍵字，把和題目相關的句子，用線畫起來，便可一目了然。通常一句話只會考一題，你畫了線以後，再標上題號，接下來，你找其他題目的答案，就會更快了。

③ 碰到難的單字不要害怕，往往在文章的其他地方，會出現同義字，因為寫文章的人不喜歡重覆，所以才會有難的單字。

④ 如果閱測內容已經知道，像時事等，你就可以直接做答了。

準備「閱讀測驗」，可參考「學習出版公司」最新出版的「7000字閱讀測驗詳解」，本書不超出7000字範圍，每個句子都有文法分析，對錯答案都有明確交待，單字註明級數，不需要再查字典。

「中翻英」如何準備

可參考劉毅老師的「英文翻譯句型講座實況DVD」，以及「文法句型180」和「翻譯句型800」。考前不停地練習中翻英，翻完之後，要給外籍老師改。翻譯題做得越多，越熟練。

「英文作文」怎樣寫才能得高分?

① 字體要寫整齊,最好是印刷體,工工整整,不要塗改。

② 文章不可離題,尤其是每段的第一句和最後一句,最好要有題目所說的關鍵字。

③ 不要全部用簡單句,句子最好要有各種變化,單句、複句、合句、形容詞片語、分詞構句等,混合使用。

④ 不要忘記多使用轉承語,像 *at present*(現在),*generally speaking*(一般說來),*in other words*(換句話說),*in particular*(特別地),*all in all*(總而言之)等。

⑤ 拿到考題,最好先寫作文,很多同學考試時,作文來不及寫,吃虧很大。但是,如果看到作文題目不會寫,就先寫測驗題,這個時候,可將題目中作文可使用的單字、成語圈起來,寫作文時就有東西寫了。但千萬記住,絕對不可以抄考卷中的句子,一旦被發現,就會以零分計算。

⑥ 試卷有規定標題,就要寫標題。記住,每段一開始,要內縮5或7個字母。

⑦ 可多引用諺語或名言,並注意標點符號的使用。文章中有各種標點符號,會使文章變得更美。

⑧ 整體的美觀也很重要,段落的最後一行字數不能太少,也不能太多。段落的字數要平均分配,不能第一段只有一、兩句,第二段一大堆。第一段可以比第二段少一點。

準備「英文作文」,可參考「學習出版公司」出版的: